AZERI
VOCABULÁRIO

PALAVRAS MAIS ÚTEIS

PORTUGUÊS AZERI

Para alargar o seu léxico e apurar as suas competências linguísticas

5000 palavras

Vocabulário Português-Azeri - 5000 palavras
Por Andrey Taranov

Os vocabulários da T&P Books destinam-se a ajudar a aprender, a memorizar, e a rever palavras estrangeiras. O dicionário é dividido em temas, cobrindo todas as principais esferas de atividades quotidianas, negócios, ciência, cultura, etc.

O processo de aprendizagem, utilizando os dicionários baseados em temáticas da T&P Books dá-lhe as seguintes vantagens:

- Informação de origem corretamente agrupada predetermina o sucesso em fases subsequentes da memorização de palavras
- Disponibilização de palavras derivadas da mesma raiz, o que permite a memorização de unidades de texto (em vez de palavras separadas)
- Pequenas unidades de palavras facilitam o processo de estabelecimento de vínculos associativos necessários para a consolidação do vocabulário
- O nível de conhecimento da língua pode ser estimado pelo número de palavras aprendidas

Copyright © 2019 T&P Books Publishing

Todos os direitos reservados. Nenhuma parte desta publicação pode ser reproduzida, total ou parcialmente, por quaisquer métodos ou processos, sejam eles eletrónicos, mecânicos, de fotocópia ou outros, sem a autorização escrita do editor. Esta publicação não pode ser divulgada, copiada ou distribuída em nenhum formato.

T&P Books Publishing
www.tpbooks.com

ISBN: 978-1-78400-908-3

Este livro também está disponível em formato E-book.
Por favor visite www.tpbooks.com ou as principais livrarias on-line.

VOCABULÁRIO AZERI
palavras mais úteis

Os vocabulários da T&P Books destinam-se a ajudar a aprender, a memorizar, e a rever palavras estrangeiras. O vocabulário contém mais de 5000 palavras de uso comum organizadas tematicamente.

O vocabulário contém as palavras mais comummente usadas
Recomendado como adicional para qualquer curso de línguas
Satisfaz as necessidades dos iniciados e dos alunos avançados de línguas estrangeiras
Conveniente para o uso diário, sessões de revisão e atividades de auto-teste
Permite avaliar o seu vocabulário

Características especias do vocabulário

- As palavras estão organizadas de acordo com o seu significado, e não por ordem alfabética
- As palavras são apresentadas em três colunas para facilitar os processos de revisão e auto-teste
- As palavras compostas são divididas em pequenos blocos para facilitar o processo de aprendizagem
- O vocabulário oferece uma transcrição simples e adequada de cada palavra estrangeira

O vocabulário contém 155 tópicos incluindo:

Conceitos básicos, Números, Cores, Meses, Estações do ano, Unidades de medida, Roupas & Acessórios, Alimentos & Nutrição, Restaurante, Membros da Família, Parentes, Caráter, Sentimentos, Emoções, Doenças, Cidade, Passeios, Compras, Dinheiro, Casa, Lar, Escritório, Trabalho no Escritório, Importação & Exportação, Marketing, Pesquisa de Emprego, Desportos, Educação, Computador, Internet, Ferramentas, Natureza, Países, Nacionalidades e muito mais ...

TABELA DE CONTEÚDOS

Guia de pronunciação	9
Abreviaturas	10

CONCEITOS BÁSICOS — 11
Conceitos básicos. Parte 1 — 11

1. Pronomes — 11
2. Cumprimentos. Saudações. Despedidas — 11
3. Como se dirigir a alguém — 12
4. Números cardinais. Parte 1 — 12
5. Números cardinais. Parte 2 — 13
6. Números ordinais — 14
7. Números. Frações — 14
8. Números. Operações básicas — 14
9. Números. Diversos — 14
10. Os verbos mais importantes. Parte 1 — 15
11. Os verbos mais importantes. Parte 2 — 16
12. Os verbos mais importantes. Parte 3 — 17
13. Os verbos mais importantes. Parte 4 — 18
14. Cores — 18
15. Questões — 19
16. Preposições — 20
17. Palavras funcionais. Advérbios. Parte 1 — 20
18. Palavras funcionais. Advérbios. Parte 2 — 22

Conceitos básicos. Parte 2 — 23

19. Dias da semana — 23
20. Horas. Dia e noite — 23
21. Meses. Estações — 24
22. Unidades de medida — 26
23. Recipientes — 27

O SER HUMANO — 28
O ser humano. O corpo — 28

24. Cabeça — 28
25. Corpo humano — 29

Vestuário & Acessórios — 30

26. Roupa exterior. Casacos — 30
27. Vestuário de homem & mulher — 30

28. Vestuário. Roupa interior 31
29. Adereços de cabeça 31
30. Calçado 31
31. Acessórios pessoais 32
32. Vestuário. Diversos 32
33. Cuidados pessoais. Cosméticos 33
34. Relógios de pulso. Relógios 34

Alimentação. Nutrição 35

35. Comida 35
36. Bebidas 36
37. Vegetais 37
38. Frutos. Nozes 38
39. Pão. Bolaria 39
40. Pratos cozinhados 39
41. Especiarias 40
42. Refeições 41
43. Por a mesa 41
44. Restaurante 42

Família, parentes e amigos 43

45. Informação pessoal. Formulários 43
46. Membros da família. Parentes 43

Medicina 45

47. Doenças 45
48. Sintomas. Tratamentos. Parte 1 46
49. Sintomas. Tratamentos. Parte 2 47
50. Sintomas. Tratamentos. Parte 3 48
51. Médicos 49
52. Medicina. Drogas. Acessórios 49

HABITAT HUMANO 50
Cidade 50

53. Cidade. Vida na cidade 50
54. Instituições urbanas 51
55. Sinais 52
56. Transportes urbanos 53
57. Turismo 54
58. Compras 55
59. Dinheiro 56
60. Correios. Serviço postal 57

Moradia. Casa. Lar 58

61. Casa. Eletricidade 58

62. Moradia. Mansão	58
63. Apartamento	58
64. Mobiliário. Interior	59
65. Quarto de dormir	60
66. Cozinha	60
67. Casa de banho	61
68. Eletrodomésticos	62

| **ATIVIDADES HUMANAS** | **63** |
| **Emprego. Negócios. Parte 1** | **63** |

69. Escritório. O trabalho no escritório	63
70. Processos negociais. Parte 1	64
71. Processos negociais. Parte 2	65
72. Produção. Trabalhos	66
73. Contrato. Acordo	67
74. Importação & Exportação	68
75. Finanças	68
76. Marketing	69
77. Publicidade	69
78. Banca	70
79. Telefone. Conversação telefónica	71
80. Telefone móvel	71
81. Estacionário	72
82. Tipos de negócios	72

| **Emprego. Negócios. Parte 2** | **75** |

| 83. Espetáculo. Feira | 75 |
| 84. Ciência. Investigação. Cientistas | 76 |

| **Profissões e ocupações** | **78** |

85. Procura de emprego. Demissão	78
86. Gente de negócios	78
87. Profissões de serviços	79
88. Profissões militares e postos	80
89. Oficiais. Padres	81
90. Profissões agrícolas	81
91. Profissões artísticas	82
92. Várias profissões	82
93. Ocupações. Estatuto social	84

| **Educação** | **85** |

94. Escola	85
95. Colégio. Universidade	86
96. Ciências. Disciplinas	87
97. Sistema de escrita. Ortografia	87
98. Línguas estrangeiras	88

Descanso. Entretenimento. Viagens 90

99. Viagens 90
100. Hotel 90

EQUIPAMENTO TÉCNICO. TRANSPORTES 92
Equipamento técnico. Transportes 92

101. Computador 92
102. Internet. E-mail 93
103. Eletricidade 94
104. Ferramentas 94

Transportes 97

105. Avião 97
106. Comboio 98
107. Barco 99
108. Aeroporto 100

Eventos 102

109. Férias. Evento 102
110. Funerais. Enterro 103
111. Guerra. Soldados 103
112. Guerra. Ações militares. Parte 1 104
113. Guerra. Ações militares. Parte 2 106
114. Armas 107
115. Povos da antiguidade 109
116. Idade média 100
117. Líder. Chefe. Autoridades 111
118. Viloação da lei. Criminosos. Parte 1 112
119. Viloação da lei. Criminosos. Parte 2 113
120. Polícia. Lei. Parte 1 114
121. Polícia. Lei. Parte 2 115

NATUREZA 117
A Terra. Parte 1 117

122. Espaço sideral 117
123. A Terra 118
124. Pontos cardeais 119
125. Mar. Oceano 119
126. Nomes de Mares e Oceanos 120
127. Montanhas 121
128. Nomes de montanhas 122
129. Rios 122
130. Nomes de rios 123
131. Floresta 123
132. Recursos naturais 124

A Terra. Parte 2	126
133. Tempo	126
134. Tempo extremo. Catástrofes naturais	127

Fauna	128
135. Mamíferos. Predadores	128
136. Animais selvagens	128
137. Animais domésticos	129
138. Pássaros	130
139. Peixes. Animais marinhos	132
140. Amfíbios. Répteis	132
141. Insetos	133

Flora	134
142. Árvores	134
143. Arbustos	134
144. Frutos. Bagas	135
145. Flores. Plantas	135
146. Cereais, grãos	137

PAÍSES. NACIONALIDADES	138
147. Europa Ocidental	138
148. Europa Central e de Leste	138
149. Países da ex-URSS	139
150. Asia	139
151. América do Norte	140
152. América Central do Sul	140
153. Africa	141
154. Austrália. Oceania	141
155. Cidades	141

GUIA DE PRONUNCIAÇÃO

Letra	Exemplo Azeri	Alfabeto fonético T&P	Exemplo Português
A a	stabil	[a]	chamar
B b	boksçu	[b]	barril
C c	Ceyran	[dʒ]	adjetivo
Ç ç	Çay	[tʃ]	Tchau!
D d	daraq	[d]	dentista
E e	fevral	[e]	metal
Ə ə	əncir	[æ]	semana
F f	fokus	[f]	safári
G g	giriş	[g]	gosto
Ğ ğ	Çağırmaq	[ɣ]	agora
H h	həkim	[h]	[h] aspirada
X x	Xanım	[h]	[h] aspirada
I ı	Qarı	[ɿ]	sinónimo
İ i	dimdik	[i]	sinónimo
J j	Janr	[ʒ]	talvez
K k	kaktus	[k]	kiwi
Q q	Qravüra	[g]	gosto
L l	liman	[l]	libra
M m	mavi	[m]	magnólia
N n	nömrə	[n]	natureza
O o	okean	[o]	lobo
Ö ö	Göbələk	[ø]	orgulhoso
P p	parça	[p]	presente
R r	rəng	[r]	riscar
S s	sap	[s]	sanita
Ş ş	Şair	[ʃ]	mês
T t	tarix	[t]	tulipa
U u	susmaq	[u]	bonita
Ü ü	Ümid	[y]	questionar
V v	varlı	[v]	fava
Y y	Yaponiya	[j]	géiser
Z z	zarafat	[z]	asiático

ABREVIATURAS
usadas no vocabulário

Abreviaturas do Português

adj	-	adjetivo
adv	-	advérbio
anim.	-	animado
conj.	-	conjunção
desp.	-	desporto
etc.	-	etecetra
ex.	-	por exemplo
f	-	nome feminino
f pl	-	feminino plural
fem.	-	feminino
inanim.	-	inanimado
m	-	nome masculino
m pl	-	masculino plural
m, f	-	masculino, feminino
masc.	-	masculino
mat.	-	matemática
mil.	-	militar
pl	-	plural
prep.	-	preposição
pron.	-	pronome
sb.	-	sobre
sing.	-	singular
v aux	-	verbo auxiliar
vi	-	verbo intransitivo
vi, vt	-	verbo intransitivo, transitivo
vr	-	verbo reflexivo
vt	-	verbo transitivo

CONCEITOS BÁSICOS

Conceitos básicos. Parte 1

1. Pronomes

eu	mən	['mæn]
tu	sən	['sæn]
ele, ela	o	['o]
nós	biz	['biz]
vocês	siz	['siz]
eles, elas	onlar	[on'lar]

2. Cumprimentos. Saudações. Despedidas

Olá!	Salam!	[sa'lam]
Bom dia! (formal)	Salam!	[sa'lam]
Bom dia! (de manhã)	Sabahın xeyir!	[saba'hın xɛ'jır]
Boa tarde!	Günortan xeyir!	[gynor'tan xɛ'jır]
Boa noite!	Axşamın xeyir!	[axʃa'mın xɛ'jır]
cumprimentar (vt)	salamlaşmaq	[salamlaʃ'mah]
Olá!	Salam!	[sa'lam]
saudação (f)	salam	[sa'lam]
saudar (vt)	salamlamaq	[salamla'mah]
Como vai?	Necəsən?	[nɛ'dʒʲæsæn]
O que há de novo?	Nə yenilik var?	['næ ɛni'lik 'var]
Até à vista!	Xudahafiz!	[χudaha'fiz]
Até breve!	Tezliklə görüşənədək!	[tɛz'liklæ gøryʃæ'nædæk]
Adeus! (sing.)	Sağlıqla qal!	[sa'ɣlıgla 'gal]
Adeus! (pl)	Sağlıqla qalın!	[sa'ɣlıgla 'galın]
despedir-se (vr)	vidalaşmaq	[vidalaʃ'mah]
Até logo!	Həlelik!	[hælæ'lik]
Obrigado! -a!	Sağ ol!	['saɣ 'ol]
Muito obrigado! -a!	Çox sağ ol!	['tʃox 'saɣ 'ol]
De nada	Buyurun	['buyrun]
Não tem de quê	Deymez	[dæj'mæz]
De nada	Bir şey deyil	['bir 'ʃæj 'dɛjıl]
Desculpa!	Bağışla!	[baɣıʃ'la]
Desculpe!	Bağışlayın!	[baɣıʃ'lajın]
desculpar (vt)	Bağışlamaq	[baɣıʃla'mah]
desculpar-se (vr)	üzr istəmək	['juzr istæ'mæk]
As minhas desculpas	Üzrümü qəbul et	[yzry'my gæ'bul 'ɛt]

Desculpe!	Bağışlayın!	[baɣɯʃˈlajɯn]
perdoar (vt)	bağışlamaq	[baɣɯʃlaˈmah]
por favor	rica edirəm	[riˈdʒʲa ɛˈdiræm]
Não se esqueça!	Unutmayın!	[uˈnutmajɯn]
Certamente! Claro!	Əlbəttə!	[ælˈbattæ]
Claro que não!	Əlbəttə yox!	[ælˈbattæ ˈjoχ]
Está bem! De acordo!	Razıyam!	[raˈzɯjam]
Basta!	Bəsti!	[ˈbæsti]

3. Como se dirigir a alguém

senhor	Cənab	[dʒʲæˈnap]
senhora	Xanım	[χaˈnɯm]
rapariga	Ay qız	[ˈaj ˈgɯz]
rapaz	Cavan oğlan	[dʒʲaˈvan oˈɣlan]
menino	Ay oğlan	[ˈaj oˈɣlan]
menina	Ay qız	[ˈaj ˈgɯz]

4. Números cardinais. Parte 1

zero	sıfır	[ˈsɯfɯr]
um	bir	[ˈbir]
dois	iki	[iˈki]
três	üç	[ˈytʃ]
quatro	dörd	[ˈdørd]
cinco	beş	[ˈbɛʃ]
seis	altı	[alˈtɯ]
sete	yeddi	[ɛdˈdi]
oito	səkkiz	[sækˈkiz]
nove	doqquz	[dokˈkuz]
dez	on	[ˈon]
onze	on bir	[ˈon ˈbir]
doze	on iki	[ˈon iˈki]
treze	on üç	[ˈon ˈjutʃ]
catorze	on dörd	[ˈon ˈdørd]
quinze	on beş	[ˈon ˈbɛʃ]
dezasseis	on altı	[ˈon alˈtɯ]
dezassete	on yeddi	[ˈon ɛdˈdi]
dezoito	on səkkiz	[ˈon sækˈkiz]
dezanove	on doqquz	[ˈon dokˈkuz]
vinte	iyirmi	[ijɯrˈmi]
vinte e um	iyirmi bir	[ijɯrˈmi ˈbir]
vinte e dois	iyirmi iki	[ijɯrˈmi iˈki]
vinte e três	iyirmi üç	[ijɯrˈmi ˈjutʃ]
trinta	otuz	[oˈtuz]
trinta e um	otuz bir	[oˈtuz ˈbir]

T&P Books. Vocabulário Português-Azeri - 5000 palavras

trinta e dois	otuz iki	[o'tuz i'ki]
trinta e três	otuz üç	[o'tuz 'jutʃ]
quarenta	qırx	['gɪrχ]
quarenta e um	qırx bir	['gɪrχ 'bir]
quarenta e dois	qırx iki	['gɪrχ i'ki]
quarenta e três	qırx üç	['gɪrχ 'jutʃ]
cinquenta	əlli	[æl'li]
cinquenta e um	əlli bir	[æl'li 'bir]
cinquenta e dois	əlli iki	[æl'li i'ki]
cinquenta e três	əlli üç	[æl'li 'jutʃ]
sessenta	altmış	[alt'mɪʃ]
sessenta e um	altmış bir	[alt'mɪʃ 'bir]
sessenta e dois	altmış iki	[alt'mɪʃ i'ki]
sessenta e três	altmış üç	[alt'mɪʃ 'jutʃ]
setenta	yetmiş	[ɛt'miʃ]
setenta e um	yetmiş bir	[ɛt'miʃ 'bir]
setenta e dois	yetmiş iki	[ɛt'miʃ i'ki]
setenta e três	yetmiş üç	[ɛt'miʃ 'jutʃ]
oitenta	səksən	[sæk'sæn]
oitenta e um	səksən bir	[sæk'sæn 'bir]
oitenta e dois	səksən iki	[sæk'sæn i'ki]
oitenta e três	səksən üç	[sæk'sæn 'jutʃ]
noventa	doxsan	[doχ'san]
noventa e um	doxsan bir	[doχ'san 'bir]
noventa e dois	doxsan iki	[doχ'san i'ki]
noventa e três	doxsan üç	[doχ'san 'jutʃ]

5. Números cardinais. Parte 2

cem	yüz	['jyz]
duzentos	iki yüz	[i'ki 'juz]
trezentos	üç yüz	['jutʃ 'juz]
quatrocentos	dörd yüz	['dørd 'juz]
quinhentos	beş yüz	['beʃ 'juz]
seiscentos	altı yüz	[al'tɪ 'juz]
setecentos	yeddi yüz	[ɛd'di 'juz]
oitocentos	səkkiz yüz	[sæk'kiz 'juz]
novecentos	doqquz yüz	[dok'kuz 'juz]
mil	min	['min]
dois mil	iki min	[i'ki 'min]
De quem são ...?	üç min	['jutʃ 'min]
dez mil	on min	['on 'min]
cem mil	yüz min	['juz 'min]
um milhão	milyon	[mi'ljon]
mil milhões	milyard	[mi'ljard]

13

6. Números ordinais

primeiro	birinci	[birin'dʒʲi]
segundo	ikinci	[ikin'dʒʲi]
terceiro	üçüncü	[ytʃʲun'dʒʲu]
quarto	dördüncü	[dørdyn'dʒy]
quinto	beşinci	[bɛʃin'dʒʲi]
sexto	altıncı	[altın'dʒʲɩ]
sétimo	yeddinci	[ɛddin'dʒʲi]
oitavo	səkkizinci	[sækkizin'dʒʲi]
nono	doqquzuncu	[dokkuzun'dʒy]
décimo	onuncu	[onun'dʒʲu]

7. Números. Frações

fração (f)	kəsr	['kæsr]
um meio	ikidə bir	[iki'dæ 'bir]
um terço	üçdə bir	[ytʃ'dæ 'bir]
um quarto	dördde bir	[dørd'da 'bir]
um oitavo	səkkizdə bir	[sækkiz'dæ 'bir]
um décimo	onda bir	[on'da 'bir]
dois terços	üçdə iki	[ytʃ'dæ i'ki]
três quartos	dördde üç	[dørd'dæ 'jutʃ]

8. Números. Operações básicas

subtração (f)	çıxma	[tʃɩx'ma]
subtrair (vi, vt)	çıxmaq	[tʃɩx'mah]
divisão (f)	bölmə	[bøl'mæ]
dividir (vt)	bölmək	[bøl'mæk]
adição (f)	toplama	[topla'ma]
somar (vt)	toplamaq	[topla'mah]
adicionar (vt)	artırmaq	[artır'mah]
multiplicação (f)	vurma	[vur'ma]
multiplicar (vt)	vurmaq	[vur'mah]

9. Números. Diversos

algarismo, dígito (m)	rəqəm	[ræ'gæm]
número (m)	say	['saj]
numeral (m)	say	['saj]
menos (m)	minus	['minus]
mais (m)	plyus	['plʲus]
fórmula (f)	düstur	[dys'tur]
cálculo (m)	hesab	[hɛ'sap]
contar (vt)	saymaq	[saj'mah]

calcular (vt)	hesablamaq	[hɛsabla'mah]
comparar (vt)	müqayisə etmək	[mygajı'sæ ɛt'mæk]
Quanto?	Nə qədər?	['næ gæ'dær]
Quantos? -as?	Neçə?	[nɛ'tʃæ]
soma (f)	məbləğ	[mæb'læɣ]
resultado (m)	nəticə	[næti'dʒˌæ]
resto (m)	qalıq	[ga'lıh]
alguns, algumas ...	bir neçə	[bir nɛ'tʃæ]
um pouco de ...	bir az ...	['bir 'az ...]
resto (m)	qalanı	[gala'nı]
um e meio	bir yarım	['bir ja'rım]
dúzia (f)	on iki	['on i'ki]
ao meio	tən yarı	['tæn ja'rı]
em partes iguais	tənbərabər	[tænbæra'bær]
metade (f)	yarım	[ja'rım]
vez (f)	dəfə	[dæ'fæ]

10. Os verbos mais importantes. Parte 1

abrir (vt)	açmaq	[atʃ'mah]
acabar, terminar (vt)	qurtarmaq	[gurtar'mah]
aconselhar (vt)	məsləhət vermək	[mæslæ'hæt vɛr'mæk]
adivinhar (vt)	tapmaq	[tap'mah]
advertir (vt)	xəbərdarlıq etmək	[χæbærdar'lıh ɛt'mæk]
ajudar (vt)	kömək etmək	[kø'mæk ɛt'mæk]
almoçar (vi)	nahar etmək	[na'har ɛt'mœk]
alugar (~ um apartamento)	kirayə etmək	[kira'jæ ɛt'mæk]
amar (vt)	sevmək	[sɛv'mæk]
ameaçar (vt)	hədələmək	[hædælæ'mæk]
anotar (escrever)	yazmaq	[jaz'mah]
apanhar (vt)	tutmaq	[tut'mah]
apressar-se (vr)	tələsmək	[tælæs'mæk]
arrepender-se (vr)	heyfsilənmək	[hɛjfsilæn'mæk]
assinar (vt)	imzalamaq	[imzala'mah]
atirar, disparar (vi)	atəş açmaq	[a'tæʃ atʃ'mah]
brincar (vi)	zarafat etmək	[zara'fat ɛt'mæk]
brincar, jogar (crianças)	oynamaq	[ojna'mah]
buscar (vt)	axtarmaq	[aχtar'mah]
caçar (vi)	ova çıxmaq	[o'va tʃıχ'mah]
cair (vi)	yıxılmaq	[jıχıl'mah]
cavar (vt)	qazmaq	[gaz'mah]
cessar (vt)	kəsmək	[kæs'mæk]
chamar (~ por socorro)	çağırmaq	[tʃaɣır'mah]
chegar (vi)	gəlmək	[gæl'mæk]
chorar (vi)	ağlamaq	[aɣla'mah]
comparar (vt)	müqayisə etmək	[mygajı'sæ ɛt'mæk]

compreender (vt)	başa düşmək	[ba'ʃa dyʃ'mæk]
concordar (vi)	razı olmaq	[ra'zı ol'mah]
confiar (vt)	etibar etmək	[ɛti'bar ɛt'mæk]

confundir (equivocar-se)	dolaşıq salmaq	[dola'ʃıh sal'mah]
conhecer (vt)	tanımaq	[tanı'mah]
contar (fazer contas)	saymaq	[saj'mah]
contar com (esperar)	bel bağlamaq	['bɛl bayla'mah]
continuar (vt)	davam etdirmək	[da'vam ɛtdir'mæk]

controlar (vt)	nəzarət etmək	[næza'ræt ɛt'mæk]
convidar (vt)	dəvət etmək	[dæ'væt ɛt'mæk]
correr (vi)	qaçmaq	[gatʃ'mah]
criar (vt)	yaratmaq	[jarat'mah]
custar (vt)	qiyməti olmaq	[gijmæ'ti ol'mah]

11. Os verbos mais importantes. Parte 2

dar (vt)	vermək	[vɛr'mæk]
dar uma dica	eyham vurmaq	[ɛj'ham vur'mah]
decorar (enfeitar)	bəzəmək	[bæzæ'mæk]
defender (vt)	müdafiyə etmək	[mydafi'jæ ɛt'mæk]
deixar cair (vt)	yerə salmaq	[ɛ'ræ sal'mah]

descer (para baixo)	aşağı düşmək	[aʃa'ɣı dyʃ'mæk]
desculpar-se (vr)	üzr istəmək	['juzr istæ'mæk]
dirigir (~ uma empresa)	idarə etmək	[ida'ræ ɛt'mæk]
discutir (notícias, etc.)	müzakirə etmək	[myzaki'ræ ɛt'mæk]
dizer (vt)	demək	[dɛ'mæk]

duvidar (vt)	şübhələnmək	[ʃybhælæn'mæk]
encontrar (achar)	tapmaq	[tap'mah]
enganar (vt)	aldatmaq	[aldat'mah]
entrar (na sala, etc.)	daxil olmaq	[da'χil ol'mah]
enviar (uma carta)	göndərmək	[gøndær'mæk]

errar (equivocar-se)	səhv etmək	['sæhv ɛt'mæk]
escolher (vt)	seçmək	[sɛtʃ'mæk]
esconder (vt)	gizlətmək	[gizlæt'mæk]
escrever (vt)	yazmaq	[jaz'mah]
esperar (o autocarro, etc.)	gözləmək	[gøzlæ'mæk]

esperar (ter esperança)	ümid etmək	[y'mid ɛt'mæk]
esquecer (vt)	unutmaq	[unut'mah]
estudar (vt)	öyrənmək	[øjræn'mæk]
exigir (vt)	tələb etmək	[tæ'læp ɛt'mæk]
existir (vi)	mövcud olmaq	[møv'dʒyd ol'mah]

explicar (vt)	izah etmək	[i'zah ɛt'mæk]
falar (vi)	danışmaq	[danıʃ'mah]
faltar (clases, etc.)	buraxmaq	[buraχ'mah]
fazer (vt)	etmək	[ɛt'mæk]
ficar em silêncio	susmaq	[sus'mah]
gabar-se, jactar-se (vr)	lovğalanmaq	[lovɣalan'mah]

gostar (apreciar)	xoşuna gəlmək	[xoʃu'na gæl'mæk]
gritar (vi)	çığırmaq	[tʃɯɣɯr'mah]
guardar (cartas, etc.)	saxlamaq	[saxla'mah]
informar (vt)	məlumat vermək	[mælʲu'mat vɛr'mæk]
insistir (vi)	təkid etmək	[tæ'kid ɛt'mæk]
insultar (vt)	təhkir etmək	[tæh'kir ɛt'mæk]
interessar-se (vr)	maraqlanmaq	[maraglan'mah]
ir (a pé)	getmək	[gɛt'mæk]
ir nadar	çimmək	[tʃim'mæk]
jantar (vi)	axşam yeməyi yemək	[ax'ʃam ɛmæ'jɪ ɛ'mæk]

12. Os verbos mais importantes. Parte 3

ler (vt)	oxumaq	[oxu'mah]
libertar (cidade, etc.)	azad etmək	[a'zad ɛt'mæk]
matar (vt)	öldürmək	[øldyr'mæk]
mencionar (vt)	adını çəkmək	[adɯ'nɯ tʃæk'mæk]
mostrar (vt)	göstərmək	[gøstær'mæk]
mudar (modificar)	dəyişmək	[dæiʃ'mæk]
nadar (vi)	üzmək	[yz'mæk]
negar-se a ...	imtina etmək	[imti'na ɛt'mæk]
objetar (vt)	etiraz etmək	[ɛti'raz ɛt'mæk]
observar (vt)	müşaidə etmək	[myʃai'dæ ɛt'mæk]
ordenar (mil.)	əmr etmək	['æmr ɛt'mæk]
ouvir (vt)	eşitmək	[ɛʃit'mæk]
pagar (vt)	pulunu ödəmək	[pulʲu'nu ødæ'mæk]
parar (vi)	dayanmaq	[dajan'mah]
participar (vi)	iştirak etmək	[iʃti'rak ɛt'mæk]
pedir (comida)	sifariş etmək	[sifa'riʃ ɛt'mæk]
pedir (um favor, etc.)	xahiş etmək	[xa'hiʃ ɛt'mæk]
pegar (tomar)	almaq	[al'mah]
pensar (vt)	düşünmək	[dyʃyn'mæk]
perceber (ver)	görmək	[gør'mæk]
perdoar (vt)	bağışlamaq	[baɣɯʃla'mah]
perguntar (vt)	soruşmaq	[soruʃ'mah]
permitir (vt)	icazə vermək	[idʒʲa'zæ vɛr'mæk]
pertencer a ...	mənsub olmaq	[mæn'sup ol'mah]
planear (vt)	planlaşdırmaq	[planlaʃdɯr'mah]
poder (vi)	bacarmaq	[badʒʲar'mah]
possuir (vt)	sahib olmaq	[sa'hip ol'mah]
preferir (vt)	üstünlük vermək	[ystyn'lyk vɛr'mæk]
preparar (vt)	hazırlamaq	[hazɯrla'mah]
prever (vt)	qabaqcadan görmək	[ga'bagdʒʲadan gør'mæk]
prometer (vt)	vəd etmək	['væd ɛt'mæk]
pronunciar (vt)	ələffüz etmək	[tælæf'fyz ɛt'mæk]
propor (vt)	təklif etmək	[tæk'lif ɛt'mæk]
punir (castigar)	cəzalandırmaq	[dʒʲæzalandɯr'mah]

13. Os verbos mais importantes. Parte 4

quebrar (vt)	qırmaq	[gır'mah]
queixar-se (vr)	şikayət etmək	[ʃika'jæt ɛt'mæk]
querer (desejar)	istəmək	[istæ'mæk]
recomendar (vt)	məsləhət görmək	[mæslæ'hæt gør'mæk]
repetir (dizer outra vez)	təkrar etmək	[tæk'rar ɛt'mæk]
repreender (vt)	danlamaq	[danla'mah]
reservar (~ um quarto)	sifariş etmək	[sifa'riʃ ɛt'mæk]
responder (vt)	cavab vermək	[dʒʲa'vap vɛr'mæk]
rezar, orar (vi)	dua etmək	[du'a ɛt'mæk]
rir (vi)	gülmək	[gylʲ'mæk]
roubar (vt)	oğurlamaq	[oɣurla'mah]
saber (vt)	bilmək	[bil'mæk]
sair (~ de casa)	çıxmaq	[tʃɪx'mah]
salvar (vt)	xilas etmək	[χi'las ɛt'mæk]
seguir ...	ardınca getmək	[ar'dındʒʲa gɛt'mæk]
sentar-se (vr)	oturmaq	[otur'mah]
ser necessário	tələb olunmaq	[tæ'læp olʲun'mah]
ser, estar	olmaq	[ol'mah]
significar (vt)	ifadə etmək	[ifa'dæ ɛt'mæk]
sorrir (vi)	gülümsəmək	[gylymsæ'mæk]
surpreender-se (vr)	təəccüblənmək	[taædʒyblæn'mæk]
tentar (vt)	sınamaq	[sına'mah]
ter (vt)	malik olmaq	['malik ol'mah]
ter fome	yemək istəmək	[ɛ'mæk istɛ'mæk]
ter medo	qorxmaq	[gorχ'mah]
ter sede	içmək istəmək	[itʃ'mæk istæ'mæk]
tocar (com as mãos)	əl vurmaq	['æl vur'mah]
tomar o pequeno-almoço	səhər yeməyi yemək	[sæ'hær ɛmæ'jı ɛ'mæk]
trabalhar (vi)	işləmək	[iʃlæ'mæk]
traduzir (vt)	tərcümə etmək	[tærdʒy'mæ ɛt'mæk]
unir (vt)	birləşdirmək	[birlæʃdir'mæk]
vender (vt)	satmaq	[sat'mah]
ver (vt)	görmək	[gør'mæk]
virar (ex. ~ à direita)	döndərmək	[døndær'mæk]
voar (vi)	uçmaq	[utʃ'mah]

14. Cores

cor (f)	rəng	['rænh]
matiz (m)	çalar	[tʃa'lar]
tom (m)	ton	['ton]
arco-íris (m)	qövsi-quzeh	[gøvsi gy'zɛh]
branco	ağ	['aɣ]
preto	qara	[ga'ra]

T&P Books. Vocabulário Português-Azeri - 5000 palavras

cinzento	boz	['boz]
verde	yaşıl	[ja'ʃıl]
amarelo	sarı	[sa'rı]
vermelho	qırmızı	[gırmı'zı]
azul	göy	['gøj]
azul claro	mavi	[ma'vi]
rosa	çəhrayı	[ʧæhra'jı]
laranja	narıncı	[narın'dʒʻı]
violeta	bənövşəyi	[bænøvʃæ'jı]
castanho	şabalıdı	[ʃabalı'dı]
dourado	qızıl	[gı'zıl]
prateado	gümüşü	[gymy'ʃy]
bege	bej rəngli	[bɛʒ ræng'li]
creme	krem rəngli	[krɛm ræng'li]
turquesa	firuzəyi	[firuzæ'jı]
vermelho cereja	tünd qırmızı	['tynd gırmı'zı]
lilás	açıq bənövşəyi	[a'ʧıh bænøvʃæ'jı]
carmesim	moruq rəngli	[moruh ræng'li]
claro	açıq rəngli	[a'ʧıh ræng'li]
escuro	tünd	['tynd]
vivo	parlaq	[par'lah]
de cor	rəngli	[ræng'li]
a cores	rəngli	[ræng'li]
preto e branco	ağ-qara	['aɣ ga'ra]
unicolor	birrəng	[bir'rænh]
multicor	müxtəlif rəngli	[myχtæ'lif ræng'li]

15. Questões

Quem?	Kim?	['kim]
Que?	Nə?	['næ]
Onde?	Harada?	['harada]
Para onde?	Haraya?	['haraja]
De onde?	Haradan?	['haradan]
Quando?	Nə zaman?	['næ za'man]
Para quê?	Niyə?	[ni'jæ]
Porquê?	Nə üçün?	['næ ju'ʧun]
Para quê?	Nədən ötrü?	[næ'dæn øt'ry]
Como?	Necə?	[nɛ'dʒʻæ]
Qual?	Nə cür?	['næ 'dʒyr]
Qual? (entre dois ou mais)	Hansı?	[han'sı]
A quem?	Kimə?	[ki'mæ]
Sobre quem?	Kimdən?	[kim'dæn]
Do quê?	Nədən?	[næ'dæn]
Com quem?	Kiminlə?	[ki'minlæ]
Quantos? -as?	Neçə?	[nɛ'ʧæ]
Quanto?	Nə qədər?	['næ gæ'dær]
De quem? (masc.)	Kimin?	[ki'min]

19

16. Preposições

com (prep.)	ilə	[i'læ]
sem (prep.)	... sız	[... sɪz]
a, para (exprime lugar)	da	['da]
sobre (ex. falar ~)	haqqında	[hakkın'da]
antes de ...	qabaq	[ga'bah]
diante de ...	qarşısında	[garʃısın'da]
sob (debaixo de)	altında	[altın'da]
sobre (em cima de)	üstündə	[ystyn'dæ]
sobre (~ a mesa)	üzərində	[yzærin'dæ]
de (vir ~ Lisboa)	... dan	[... dan]
de (feito ~ pedra)	... dan	[... dan]
dentro de (~ dez minutos)	sonra	[son'ra]
por cima de ...	üstündən	[ystyn'dæn]

17. Palavras funcionais. Advérbios. Parte 1

Onde?	Harada?	['harada]
aqui	burada	['burada]
lá, ali	orada	['orada]
em algum lugar	harada isə	['harada isɛ]
em lugar nenhum	heç bir yerdə	['hɛtʃ 'bir ɛr'dæ]
ao pé de ...	yanında	[janın'da]
ao pé da janela	pəncərənin yanında	[pændʒ'æræ'nin janın'da]
Para onde?	Haraya?	['haraja]
para cá	buraya	['buraja]
para lá	oraya	['oraja]
daqui	buradan	['buradan]
de lá, dali	oradan	['oradan]
perto	yaxın	[ja'χın]
longe	uzaq	[u'zah]
perto de ...	yanaşı	[jana'ʃı]
ao lado de	yaxında	[jaχın'da]
perto, não fica longe	yaxında	[jaχın'da]
esquerdo	sol	['sol]
à esquerda	soldan	[sol'dan]
para esquerda	sola	[so'la]
direito	sağ	['saɣ]
à direita	sağdan	[sa'ɣdan]
para direita	sağa	[sa'ɣa]
à frente	qabaqdan	[gabag'dan]
da frente	qabaq	[ga'bah]

em frente (para a frente)	irəli	[iræ'li]
atrás de ...	arxada	[arχa'da]
por detrás (vir ~)	arxadan	[arχa'dan]
para trás	arxaya	[arχa'ja]
meio (m), metade (f)	orta	[or'ta]
no meio	ortada	[orta'da]
de lado	qıraqdan	[gɪrag'dan]
em todo lugar	hər yerdə	['hær ɛr'dæ]
ao redor (olhar ~)	ətrafında	[ætrafɪn'da]
de dentro	içəridən	[itʃæri'dæn]
para algum lugar	haraya isə	['haraja i'sæ]
diretamente	düzünə	[dyzy'næ]
de volta	geriyə	[gɛri'jæ]
de algum lugar	haradan olsa	['haradan ol'sa]
de um lugar	haradansa	['haradansa]
em primeiro lugar	birincisi	[birindʒi'si]
em segundo lugar	ikincisi	[ikintʃi'si]
em terceiro lugar	üçüncüsü	[ytʃundʒu'sy]
de repente	qəflətən	['gæflætæn]
no início	başlanqıcda	[baʃlangɪdʒ'da]
pela primeira vez	birinci dəfə	[birin'dʒi dæ'fæ]
muito antes de ...	xeyli əvvəl	['χɛjli æv'væl]
de novo, novamente	yenidən	[ɛni'dæn]
para sempre	həmişəlik	[hæmiʃæ'lik]
nunca	heç bir zaman	['hɛtʃ 'bir za'man]
de novo	yenə	['ɛnœ]
agora	indi	[in'di]
frequentemente	tez-tez	['tɛz 'tɛz]
então	onda	[on'da]
urgentemente	təcili	[tædʒi'li]
usualmente	adətən	['adætæn]
a propósito, ...	yeri gəlmişkən	[ɛ'ri gæl'miʃkæn]
é possível	ola bilsin	[o'la bil'sin]
provavelmente	ehtimal ki	[ɛhti'mal 'ki]
talvez	ola bilər	[o'la bi'lær]
além disso, ...	bundan başqa ...	[bun'dan baʃ'ga ...]
por isso ...	buna görə	[bu'na gø'ræ]
apesar de ...	baxmayaraq ki ...	['baχmajarah ki ...]
graças a ...	sayəsində ...	[sajæsin'dæ ...]
que (pron.)	nə	['næ]
que (conj.)	ki	['ki]
algo	nə isə	['næ i'sæ]
alguma coisa	bir şey	['bir 'ʃɛj]
nada	heç bir şey	['hɛtʃ 'bir 'ʃæj]
quem	kim	['kim]
alguém (~ teve uma ideia ...)	kim isə	['kim i'sæ]

alguém	birisi	[biri'si]
ninguém	heç kim	['hɛtʃ kim]
para lugar nenhum	heç bir yerə	['hɛtʃ 'bir ɛ'ræ]
de ninguém	heç kimin	['hɛtʃ ki'min]
de alguém	kimin sə	[ki'minsæ]
tão	belə	[bɛ'læ]
também (gostaria ~ de ...)	habelə	['habɛlæ]
também (~ eu)	həmçinin	['hæmtʃinin]

18. Palavras funcionais. Advérbios. Parte 2

Porquê?	Nə üçün?	['næ ju'tʃun]
por alguma razão	nədənsə	[næ'dænsæ]
porque ...	ona görə ki	[o'na gø'ræ 'ki]
por qualquer razão	nə səbəbə isə	['næ sæbæ'bæ i'sæ]
e (tu ~ eu)	və	['væ]
ou (ser ~ não ser)	yaxud	['jaχud]
mas (porém)	amma	['amma]
para (~ a minha mãe)	üçün	[y'tʃun]
demasiado, muito	həddindən artıq	[hæddin'dæn ar'tıh]
só, somente	yalnız	['jalnız]
exatamente	dəqiq	[dæ'gih]
cerca de (~ 10 kg)	təqribən	[tæg'ribæn]
aproximadamente	təxminən	[tæχ'minæn]
aproximado	təxmini	[tæχmi'ni]
quase	demək olar ki	[dɛ'mæk o'lar 'ki]
resto (m)	qalanı	[gala'nı]
cada	hər bir	['hær 'bir]
qualquer	hansı olursa olsun	[han'sı o'lʲursa ol'sun]
muito	çox	['tʃoχ]
muitas pessoas	çoxları	[tʃoχla'rı]
todos	hamısı	['hamısı]
em troca de ...	bunun əvəzində	[bu'nun ævæzin'dæ]
em troca	əvəzində	[ævæzin'dæ]
à mão	əl ilə	['æl i'læ]
pouco provável	çətin ola bilsin	[tʃæ'tin o'la bil'sin]
provavelmente	guman ki	[gy'man 'ki]
de propósito	bilərək	[bi'læræk]
por acidente	təsadüfən	[tæ'sadyfæn]
muito	çox	['tʃoχ]
por exemplo	məsələn	['mæsælæn]
entre	arasında	[arasın'da]
entre (no meio de)	ortasında	[ortasın'da]
tanto	bu qədər	['bu gæ'dær]
especialmente	xüsusilə	[χysu'silæ]

Conceitos básicos. Parte 2

19. Dias da semana

segunda-feira (f)	bazar ertəsi	[ba'zar ɛrtæ'si]
terça-feira (f)	çərşənbə axşamı	[tʃærʃæn'bæ aχʃa'mı]
quarta-feira (f)	çərşənbə	[tʃærʃæn'bæ]
quinta-feira (f)	cümə axşamı	[dʒy'mæ aχʃa'mı]
sexta-feira (f)	cümə	[dʒy'mæ]
sábado (m)	şənbə	[ʃæn'bæ]
domingo (m)	bazar	[ba'zar]

hoje	bu gün	['bu 'gyn]
amanhã	sabah	['sabah]
depois de amanhã	birigün	[bi'rigyn]
ontem	dünən	['dynæn]
anteontem	sırağa gün	[sıra'ɣa 'gyn]

dia (m)	gündüz	[gyn'dyz]
dia (m) de trabalho	iş günü	['iʃ gy'ny]
feriado (m)	bayram günü	[baj'ram gy'ny]
dia (m) de folga	istirahət günü	[istira'hæt gy'ny]
fim (m) de semana	istirahət günləri	[istira'hæt gynlɛ'ri]

o dia todo	bütün günü	[by'tyn gy'ny]
no dia seguinte	ertəsi gün	[ɛrtæ'si 'gyn]
há dois dias	iki gün qabaq	[I'ki 'gyn ga'bah]
na véspera	ərəfəsində	[æræfæsin'dæ]
diário	gündəlik	[gyndæ'lik]
todos os dias	hər gün	['hær 'gyn]

semana (f)	həftə	[hæf'tæ]
na semana passada	keçən həftə	[kɛ'tʃæn hæf'tæ]
na próxima semana	gələn həftə	[gæ'læn hæf'tæ]
semanal	həftəlik	[hæftæ'lik]
cada semana	həftədə bir	[hæftæ'dæ 'bir]
duas vezes por semana	həftədə iki dəfə	[hæftæ'dæ i'ki dæ'fæ]
cada terça-feira	hər çərşənbə axşamı	['hær tʃærʃæn'bæ aχʃa'mı]

20. Horas. Dia e noite

manhã (f)	səhər	[sæ'hær]
de manhã	səhərçağı	[sæ'hær tʃa'ɣı]
meio-dia (m)	günorta	[gynor'ta]
à tarde	nahardan sonra	[nahar'dan son'ra]

noite (f)	axşam	[aχ'ʃam]
à noite (noitinha)	axşam	[aχ'ʃam]

noite (f)	gecə	[gɛ'dʒʲæ]
à noite	gecə	[gɛ'dʒʲæ]
meia-noite (f)	gecəyarı	[gɛdʒʲæja'rı]
segundo (m)	saniyə	[sani'jæ]
minuto (m)	dəqiqə	[dægi'gæ]
hora (f)	saat	[sa'at]
meia hora (f)	yarım saat	[ja'rım sa'at]
quarto (m) de hora	on beş dəqiqə	['on 'bɛʃ dægi'gæ]
quinze minutos	on beş dəqiqə	['on 'bɛʃ dægi'gæ]
vinte e quatro horas	gecə-gündüz	[gɛ'dʒʲæ gyn'dyz]
nascer (m) do sol	günəşin doğması	[gynæ'ʃin doɣma'sı]
amanhecer (m)	şəfəq	[ʃæ'fæh]
madrugada (f)	səhər tezdən	[sæ'hær tɛz'dæn]
pôr do sol (m)	gün batan çağı	['gyn ba'tan tʃa'ɣı]
de madrugada	erkəndən	[ɛrkæn'dæn]
hoje de manhã	bu gün səhər	['bu 'gyn sæ'hær]
amanhã de manhã	sabah səhər	['sabah sæ'hær]
hoje à tarde	bu gün günorta çağı	['bu 'gyn gynor'ta tʃa'ɣı]
à tarde	nahardan sonra	[nahar'dan son'ra]
amanhã à tarde	sabah nahardan sonra	['sabah nahar'dan son'ra]
hoje à noite	bu gün axşam	['bu 'gyn aχ'ʃam]
amanhã à noite	sabah axşam	['sabah aχ'ʃam]
às três horas em ponto	saat üç tamamda	[sa'at 'jutʃ tamam'da]
por volta das quatro	təxminən saat dörd radələrində	[tæχ'minæn sa'at 'dørd radælærin'dæ]
às doze	saat on iki üçün	[sa'at 'on i'ki ju'tʃun]
dentro de vinte minutos	iyirmi dəqiqədən sonra	[ijır'mi dægigæ'dæn son'ra]
dentro duma hora	bir saatdan sonra	['bir saat'dan son'ra]
a tempo	vaxtında	[vaχtın'da]
menos um quarto	on beş dəqiqə qalmış	['on 'bɛʃ dægi'gæ gal'mıʃ]
durante uma hora	bir saat ərzində	['bir sa'at ærzin'dæ]
a cada quinze minutos	hər on beş dəqiqədən bir	['hær 'on 'bɛʃ dægigæ'dæn bir]
as vinte e quatro horas	gecə-gündüz	[gɛ'dʒʲæ gyn'dyz]

21. Meses. Estações

janeiro (m)	yanvar	[jan'var]
fevereiro (m)	fevral	[fɛv'ral]
março (m)	mart	['mart]
abril (m)	aprel	[ap'rɛl]
maio (m)	may	['maj]
junho (m)	iyun	[i'jun]
julho (m)	iyul	[i'jul]
agosto (m)	avqust	['avgust]

setembro (m)	sentyabr	[sɛn'tʲabr]
outubro (m)	oktyabr	[ok'tʲabr]
novembro (m)	noyabr	[no'jabr]
dezembro (m)	dekabr	[dɛ'kabr]
primavera (f)	yaz	['jaz]
na primavera	yazda	[jaz'da]
primaveril	yaz	['jaz]
verão (m)	yay	['jaj]
no verão	yayda	[jaj'da]
de verão	yay	['jaj]
outono (m)	payız	[pa'jız]
no outono	payızda	[pajız'da]
outonal	payız	[pa'jız]
inverno (m)	qış	['gıʃ]
no inverno	qışda	[gıʃ'da]
de inverno	qış	['gıʃ]
mês (m)	ay	['aj]
este mês	bu ay	['bu 'aj]
no próximo mês	gələn ay	[gæ'læn 'aj]
no mês passado	keçən ay	[kɛ'tʃæn 'aj]
há um mês	bir ay qabaq	['bir 'aj ga'bah]
dentro de um mês	bir aydan sonra	['bir aj'dan son'ra]
dentro de dois meses	iki aydan sonra	[i'ki aj'dan son'ra]
todo o mês	bütün ay	[by'tyn 'aj]
um mês inteiro	bütöv ay	[by'tøv 'aj]
mensal	aylıq	[əj'lıh]
mensalmente	ayda bir dəfə	[aj'da 'bir dæfæ]
cada mês	hər ay	['hær 'aj]
duas vezes por mês	ayda iki dəfə	[aj'da i'ki dæ'fæ]
ano (m)	il	['il]
este ano	bu il	['bu 'il]
no próximo ano	gələn il	[gæ'læn 'il]
no ano passado	keçən il	[kɛ'tʃæn 'il]
há um ano	bir il əvvəl	['bir 'il æv'væl]
dentro dum ano	bir ildən sonra	['bir il'dæn son'ra]
dentro de 2 anos	iki ildən sonra	[i'ki il'dæn son'ra]
todo o ano	il uzunu	['il uzu'nu]
um ano inteiro	bütün il boyu	[by'tyn il bo'ju]
cada ano	hər il	['hær 'il]
anual	illik	[il'lik]
anualmente	hər ilki	['hær il'ki]
quatro vezes por ano	ildə dörd dəfə	[il'dæ 'dørd dæ'fæ]
data (~ de hoje)	gün	['gyn]
data (ex. ~ de nascimento)	tarix	[ta'rix]
calendário (m)	təqvim	[tæg'vim]

T&P Books. Vocabulário Português-Azeri - 5000 palavras

meio ano	yarım il	[ja'rım 'il]
seis meses	yarım illik	[ja'rım il'lik]
estação (f)	mövsüm	[møv'sym]
século (m)	əsr	['æsr]

22. Unidades de medida

peso (m)	çəki	[ʧæ'ki]
comprimento (m)	uzunluq	[uzun'lʲuh]
largura (f)	en	['ɛn]
altura (f)	hündürlük	[hyndyr'lyk]
profundidade (f)	dərinlik	[dærin'lik]
volume (m)	həcm	['hædʒʲm]
área (f)	səth	['sæth]
grama (m)	qram	['gram]
miligrama (m)	milliqram	[milli'gram]
quilograma (m)	kiloqram	[kilog'ram]
tonelada (f)	ton	['ton]
libra (453,6 gramas)	girvənkə	[girvæn'kæ]
onça (f)	unsiya	['unsija]
metro (m)	metr	['mɛtr]
milímetro (m)	millimetr	[milli'mɛtr]
centímetro (m)	santimetr	[santi'mɛtr]
quilómetro (m)	kilometr	[kilo'mɛtr]
milha (f)	mil	['mil]
polegada (f)	düym	['dyjm]
pé (304,74 mm)	fut	['fut]
jarda (914,383 mm)	yard	['jard]
metro (m) quadrado	kvadrat metr	[kvad'rat 'mɛtr]
hectare (m)	hektar	[hɛk'tar]
litro (m)	litr	['litr]
grau (m)	dərəcə	[dæræ'dʒʲæ]
volt (m)	volt	['volt]
ampere (m)	amper	[am'pɛr]
cavalo-vapor (m)	at gücü	['at gy'dʒy]
quantidade (f)	miqdar	[mig'dar]
um pouco de …	bir az …	['bir 'az …]
metade (f)	yarım	[ja'rım]
dúzia (f)	on iki	['on i'ki]
peça (f)	ədəd	[æ'dæd]
dimensão (f)	ölçü	[øl'ʧu]
escala (f)	miqyas	[mi'gjas]
mínimo	minimal	[mini'mal]
menor, mais pequeno	ən kiçik	['æn ki'ʧik]
médio	orta	[or'ta]
máximo	maksimal	[maksi'mal]
maior, mais grande	ən böyük	['æn bø'juk]

26

23. Recipientes

boião (m) de vidro	şüşə banka	[ʃyˈʃæ banˈka]
lata (~ de cerveja)	konserv bankası	[konˈsɛrv bankaˈsɪ]
balde (m)	vedrə	[vɛdˈræ]
barril (m)	çəllək	[tʃælˈlæk]

bacia (~ de plástico)	ləyən	[læˈjæn]
tanque (m)	bak	[ˈbak]
cantil (m) de bolso	mehtərə	[mɛhtæˈræ]
bidão (m) de gasolina	kanistr	[kaˈnistr]
cisterna (f)	sistern	[sisˈtɛrn]

caneca (f)	parç	[ˈpartʃ]
chávena (f)	fincan	[finˈdʒʲan]
pires (m)	nəlbəki	[nælbæˈki]
copo (m)	stəkan	[stæˈkan]
taça (f) de vinho	qədəh	[gæˈdæh]
panela, caçarola (f)	qazan	[gaˈzan]

garrafa (f)	şüşə	[ʃyˈʃæ]
gargalo (m)	boğaz	[boˈgaz]

jarro, garrafa (f)	qrafin	[graˈfin]
jarro (m) de barro	səhənk	[sæˈhænk]
recipiente (m)	qab	[ˈgap]
pote (m)	bardaq	[barˈdah]
vaso (m)	güldan	[gylʲˈdan]

frasco (~ de perfume)	flakon	[flaˈkon]
frasquinho (ox. ~ de iodo)	şüşə	[ʃyˈʃæ]
tubo (~ de pasta dentífrica)	tübik	[ˈtybik]

saca (ex. ~ de açúcar)	torba	[torˈba]
saco (~ de plástico)	paket	[paˈkɛt]
maço (m)	paçka	[patʃˈka]

caixa (~ de sapatos, etc.)	qutu	[guˈtu]
caixa (~ de madeira)	yeşik	[ɛˈʃik]
cesta (f)	səbət	[sæˈbæt]

O SER HUMANO

O ser humano. O corpo

24. Cabeça

cabeça (f)	baş	['baʃ]
cara (f)	üz	['yz]
nariz (m)	burun	[bu'run]
boca (f)	ağız	[a'ɣız]
olho (m)	göz	['gøz]
olhos (m pl)	gözlər	[gøz'lær]
pupila (f)	göz bəbəyi	[gøz bæ'bæjı]
sobrancelha (f)	qaş	['gaʃ]
pestana (f)	kirpik	[kir'pik]
pálpebra (f)	göz qapağı	[gøz gapa'ɣı]
língua (f)	dil	['dil]
dente (m)	diş	['diʃ]
lábios (m pl)	dodaq	[do'dah]
maçãs (f pl) do rosto	almacıq sümüyü	[alma'dʒıˈıh symy'ju]
gengiva (f)	diş əti	['diʃ æ'ti]
palato (m)	damağ	[da'maɣ]
narinas (f pl)	burun dəşikləri	[bu'run dɛʃiklæ'ri]
queixo (m)	çənə	[ʧæ'næ]
mandíbula (f)	çənə	[ʧæ'næ]
bochecha (f)	yanaq	[ja'nah]
testa (f)	alın	[a'lın]
têmpora (f)	gicgah	[gidʒi'gah]
orelha (f)	qulaq	[gu'lah]
nuca (f)	peysər	[pɛj'sær]
pescoço (m)	boyun	[bo'jun]
garganta (f)	boğaz	[bo'gaz]
cabelos (m pl)	saç	['saʧ]
penteado (m)	saç düzümü	['saʧ dyzy'my]
corte (m) de cabelo	saç vurdurma	['saʧ vurdur'ma]
peruca (f)	parik	[pa'rik]
bigode (m)	bığ	['bıɣ]
barba (f)	saqqal	[sak'kal]
usar, ter (~ barba, etc.)	qoymaq	[goj'mah]
trança (f)	hörük	[hø'ryk]
suíças (f pl)	bakenbard	[bakɛn'bard]
ruivo	kürən	[ky'ræn]
grisalho	saçı ağarmış	[sa'ʧı aɣar'mıʃ]

| calvo | keçəl | [kɛ'tʃæl] |
| calva (f) | daz | ['daz] |

| rabo-de-cavalo (m) | quyruq | [guj'ruh] |
| franja (f) | zülf | ['zylʲf] |

25. Corpo humano

| mão (f) | əl | ['æl] |
| braço (m) | qol | ['gol] |

dedo (m)	barmaq	[bar'mah]
polegar (m)	baş barmaq	['baʃ bar'mah]
dedo (m) mindinho	çeçələ barmaq	[tʃɛtʃæ'læ bar'mah]
unha (f)	dırnaq	[dır'nah]

punho (m)	yumruq	[jum'ruh]
palma (f) da mão	ovuc içi	[o'vudʒʲ i'tʃi]
pulso (m)	biləк	[bi'læk]
antebraço (m)	bazu önü	[ba'zı ø'ny]
cotovelo (m)	dirsək	[dir'sæk]
ombro (m)	çiyin	[tʃi'jın]

perna (f)	topuq	[to'puh]
pé (m)	pəncə	[pæn'dʒʲæ]
joelho (m)	diz	['diz]
barriga (f) da perna	baldır	[bal'dır]
anca (f)	omba	[om'ba]
calcanhar (m)	daban	[da'ban]

corpo (m)	bədən	[bæ'dæn]
barriga (f)	qarın	[ga'rın]
peito (m)	sinə	[si'næ]
seio (m)	döş	['døʃ]
lado (m)	böyür	[bø'jur]
costas (f pl)	kürək	[ky'ræk]
região (f) lombar	bel	['bɛl]
cintura (f)	bel	['bɛl]

umbigo (m)	göbək	[gø'bæk]
nádegas (f pl)	sağrı	[sa'ɣrı]
traseiro (m)	arxa	[ar'χa]

sinal (m)	xal	['χal]
tatuagem (f)	tatuirovka	[tatui'rovka]
cicatriz (f)	çapıq	[tʃa'pıh]

Vestuário & Acessórios

26. Roupa exterior. Casacos

roupa (f)	geyim	[gɛ'jım]
roupa (f) exterior	üst geyim	['just gɛ'jım]
roupa (f) de inverno	qış paltarı	['gıʃ palta'rı]
sobretudo (m)	palto	[pal'to]
casaco (m) de peles	kürk	['kyrk]
casaco curto (m) de peles	yarımkürk	[jarım'kyrk]
casaco (m) acolchoado	pərğu geyim	[pær'ɣu gɛ'jım]
casaco, blusão (m)	gödəkcə	[gødæk'ʧæ]
impermeável (m)	plaş	['plaʃ]
impermeável	su buraxmayan	['su bu'raxmajan]

27. Vestuário de homem & mulher

camisa (f)	köynək	[køj'næk]
calças (f pl)	şalvar	[ʃal'var]
calças (f pl) de ganga	cins	['dʒins]
casaco (m) de fato	pencək	[pɛn'dʒæk]
fato (m)	kişi üçün kostyum	[ki'ʃi ju'ʧun kos'tʲum]
vestido (ex. ~ vermelho)	don	['don]
saia (f)	yubka	[yb'ka]
blusa (f)	bluzka	[blʲuz'ka]
casaco (m) de malha	yun kofta	['jun kof'ta]
casaco, blazer (m)	jaket	[ʒa'kɛt]
T-shirt, camiseta (f)	futbolka	[futbol'ka]
calções (Bermudas, etc.)	şort	['ʃort]
fato (m) de treino	idman paltarı	[id'man palta'rı]
roupão (m) de banho	hamam xələti	[ha'mam xælæ'ti]
pijama (m)	pijama	[pi'ʒama]
suéter (m)	sviter	['svitɛr]
pulôver (m)	pulover	[pulo'vɛr]
colete (m)	jilet	[ʒi'lɛt]
fraque (m)	frak	['frak]
smoking (m)	smokinq	['smokinh]
uniforme (m)	forma	['forma]
roupa (f) de trabalho	iş paltarı	['iʃ palta'rı]
fato-macaco (m)	kombinezon	[kombinɛ'zon]
bata (~ branca, etc.)	həkim xələti	[hæ'kim xælæ'ti]

28. Vestuário. Roupa interior

roupa (f) interior	alt paltarı	['alt palta'rı]
camisola (f) interior	mayka	[maj'ka]
peúgas (f pl)	corab	[dʒʲo'rap]
camisa (f) de noite	gecə köynəyi	[gɛ'dʒʲæ køjnæ'jı]
sutiã (m)	büsthalter	[byst'haltɛr]
meias longas (f pl)	golf corab	['golf dʒʲo'rap]
meia-calça (f)	kolqotka	[kolgot'ka]
meias (f pl)	uzun corab	[u'zun dʒʲo'rap]
fato (m) de banho	çimmə paltarı	[tʃim'mæ palta'rı]

29. Adereços de cabeça

chapéu (m)	papaq	[pa'pah]
chapéu (m) de feltro	şlyapa	['ʃlʲapa]
boné (m) de beisebol	beysbol papağı	[bɛjs'bol papa'ɣı]
boné (m)	kepka	[kɛp'ka]
boina (f)	beret	[bɛ'rɛt]
capuz (m)	kapyuşon	[kapy'ʃon]
panamá (m)	panama	[pa'nama]
gorro (m) de malha	yun papaq	['jun pa'pah]
lenço (m)	baş örtüyü	['baʃ ørty'ju]
chapéu (m) de mulher	kiçik şlyapa	[ki'tʃik 'ʃlʲapa]
capacete (m) de proteção	kaska	[kas'ka]
bibico (m)	pilot papağı	[pi'lot papɑ'ɣı]
capacete (m)	dəbilqə	[dæbil'gæ]
chapéu-coco (m)	kotelok	[kotɛ'lok]
chapéu (m) alto	silindr	[si'lindr]

30. Calçado

calçado (m)	ayaqqabı	[ajakka'bı]
botinas (f pl)	botinka	[botin'ka]
sapatos (de salto alto, etc.)	tufli	[tuf'li]
botas (f pl)	uzunboğaz çəkmə	[uzunbo'ɣaz tʃæk'mæ]
pantufas (f pl)	şap-şap	['ʃap 'ʃap]
ténis (m pl)	krossovka	[kros'sovka]
sapatilhas (f pl)	ket	['kɛt]
sandálias (f pl)	səndəl	[sæn'dæl]
sapateiro (m)	çəkməçi	[tʃækmæ'tʃi]
salto (m)	daban	[da'ban]
par (m)	tay	['taj]
atacador (m)	qaytan	[gaj'tan]

apertar os atacadores	qaytanlamaq	[gajtanla'mah]
calçadeira (f)	dabançəkən	[dabantʃæ'kæn]
graxa (f) para calçado	ayaqqabı kremi	[ajakka'bı krɛ'mi]

31. Acessórios pessoais

luvas (f pl)	əlcək	[æl'dʒʲæk]
mitenes (f pl)	təkbarmaq əlcək	[tækbar'mah æl'dʒʲæk]
cachecol (m)	şərf	['ʃærf]

óculos (m pl)	eynək	[ɛj'næk]
armação (f) de óculos	çərçivə	[tʃærtʃi'væ]
guarda-chuva (m)	çətir	[tʃæ'tir]
bengala (f)	əl ağacı	['æl aɣa'dʒʲı]
escova (f) para o cabelo	şaç şotkası	['satʃ ʃotka'sı]
leque (m)	yelpik	[ɛl'pik]

gravata (f)	qalstuk	['galstuk]
gravata-borboleta (f)	kəpənək qalstuk	[kæpæ'næk 'galstuk]
suspensórios (m pl)	çiyinbağı	[tʃijınba'ɣı]
lenço (m)	cib dəsmalı	['dʒʲip dæsma'lı]

pente (m)	daraq	[da'rah]
travessão (m)	baş sancağı	['baʃ sandʒʲa'ɣı]
gancho (m) de cabelo	baş sancağı	['baʃ sandʒʲa'ɣı]
fivela (f)	toqqa	[tok'ka]

| cinto (m) | kəmər | [kæ'mær] |
| correia (f) | kəmərcik | [kæmær'dʒʲik] |

mala (f)	çanta	[tʃan'ta]
mala (f) de senhora	qadın cantası	[ga'dın tʃanta'sı]
mochila (f)	arxa çantası	[ar'χa tʃanta'sı]

32. Vestuário. Diversos

moda (f)	moda	['moda]
na moda	dəbdə olan	[dæb'dæ o'lan]
estilista (m)	modelçi	[modɛl'tʃi]

colarinho (m), gola (f)	yaxalıq	[jaχa'lıh]
bolso (m)	cib	['dʒʲip]
de bolso	cib	['dʒʲip]
manga (f)	qol	['gol]
alcinha (f)	ilmə asqı	[ilʲ'mæ as'gı]
braguilha (f)	miyança	[mijan'tʃa]

fecho (m) de correr	zəncir-bənd	[zɛn'dʒʲir 'bænd]
fecho (m), colchete (m)	bənd	['bænd]
botão (m)	düymə	[dyj'mæ]
casa (f) de botão	ilmə	[ilʲ'mæ]
soltar-se (vr)	qopmaq	[gop'mah]

coser, costurar (vi)	tikmək	[tik'mæk]
bordar (vt)	naxış tikmək	[na'xıʃ tik'mæk]
bordado (m)	naxış	[na'xıʃ]
agulha (f)	iynə	[ij'næ]
fio (m)	sap	['sap]
costura (f)	tikiş	[ti'kiʃ]

sujar-se (vr)	çirklənmək	[tʃirklæn'mæk]
mancha (f)	ləkə	[læ'kæ]
engelhar-se (vr)	əzilmək	[æzil'mæk]
rasgar (vt)	cırmaq	[dʒır'mah]
traça (f)	güvə	[gy'væ]

33. Cuidados pessoais. Cosméticos

pasta (f) de dentes	diş məcunu	['diʃ mædʒy'nu]
escova (f) de dentes	diş fırçası	['diʃ fırtʃa'sı]
escovar os dentes	dişləri fırçalamaq	[diʃlæ'ri fırtʃala'mah]

máquina (f) de barbear	ülgüc	[yl'gydʒi]
creme (m) de barbear	üz qırxmaq üçün krem	['juz gırx'mah ju'tʃun 'krɛm]
barbear-se (vr)	üzünü qırxmaq	[yzy'ny gırx'mah]

| sabonete (m) | sabun | [sa'bun] |
| champô (m) | şampun | [ʃam'pun] |

tesoura (f)	qayçı	[gaj'tʃı]
lima (f) de unhas	dırnaq üçün kiçik bıçqı	[dır'nah ju'tʃun ki'tʃik bıtʃ'gı]
corta-unhas (m)	dırnaq üçün kiçik kəlbətin	[dır'nah ju'tʃun ki'tʃik kælbæ'tin]
pinça (f)	maqqaş	[mak'kaʃ]

cosméticos (m pl)	kosmetika	[kos'mɛtika]
máscara (f) facial	maska	[mas'ka]
manicura (f)	manikür	[mani'kyr]
fazer a manicura	manikür etmək	[mani'kyr ɛt'mæk]
pedicure (f)	pedikür	[pɛdi'kyr]

mala (f) de maquilhagem	kosmetika üçün kiçik çanta	[kos'mɛtika ju'tʃun ki'tʃik tʃan'ta]
pó (m)	pudra	[pud'ra]
caixa (f) de pó	pudra qabı	[pud'ra ga'bı]
blush (m)	ənlik	[æn'lik]

perfume (m)	ətir	[æ'tir]
água (f) de toilette	ətirli su	[ætir'li 'su]
loção (f)	losyon	[lo'sjon]
água-de-colónia (f)	odekolon	[odɛko'lon]

sombra (f) de olhos	göz ətrafına sürülən boyalar	[gøz ætrafı'na syry'læn boja'lar]
lápis (m) delineador	göz üçün karandaş	[gøz ju'tʃun karan'daʃ]
máscara (f), rímel (m)	kirpik üçün tuş	[kir'pik ju'tʃun 'tuʃ]
batom (m)	dodaq boyası	[do'dah boja'sı]

verniz (m) de unhas	dırnaq üçün lak	[dɪr'nah ju'tʃun 'lak]
laca (f) para cabelos	saç üçün lak	['satʃ ju'tʃun 'lak]
desodorizante (m)	dezodorant	[dɛzodo'rant]
creme (m)	krem	['krɛm]
creme (m) de rosto	üz kremi	['juz krɛ'mi]
creme (m) de mãos	əl kremi	['æl krɛ'mi]
creme (m) antirrugas	qırışığa qarşı krem	[gɪrɪʃɪ'ɣa gar'ʃɪ 'krɛm]
creme (m) de dia	gündüz kremi	[gyn'dyz krɛ'mi]
creme (m) de noite	gecə kremi	[gɛ'dʒʲæ krɛ'mi]
tampão (m)	tampon	[tam'pon]
papel (m) higiénico	tualet kağızı	[tua'lɛt kʲaɣɪ'zɪ]
secador (m) elétrico	fen	['fɛn]

34. Relógios de pulso. Relógios

relógio (m) de pulso	qol saatı	[gol saa'tɪ]
mostrador (m)	siferblat	[sifɛrb'lat]
ponteiro (m)	əqrəb	[æg'ræp]
bracelete (f) em aço	saat bilərziyi	[sa'at bilærzi'jɪ]
bracelete (f) em couro	qayış	[ga'jɪʃ]
pilha (f)	batareya	[bata'rɛja]
descarregar-se	sıradan çıxmaq	[sɪra'dan tʃɪx'mah]
trocar a pilha	batareyanı dəyişmək	[bata'rɛjanɪ dæjɪʃ'mæk]
estar adiantado	irəli getmək	[iræ'li gɛt'mæk]
estar atrasado	geri qalmaq	[gɛ'ri gal'mah]
relógio (m) de parede	divar saatı	[di'var saa'tɪ]
ampulheta (f)	qum saatı	['gum saa'tɪ]
relógio (m) de sol	günəş saatı	[gy'næʃ saa'tɪ]
despertador (m)	zəngli saat	[zæng'li sa'at]
relojoeiro (m)	saatsaz	[saa'tsaz]
reparar (vt)	təmir etmək	[tæ'mir ɛt'mæk]

Alimentação. Nutrição

35. Comida

carne (f)	ət	['æt]
galinha (f)	toyuq	[to'juh]
frango (m)	cücə	[dʒy'dʒʲæ]
pato (m)	ördək	[ør'dæk]
ganso (m)	qaz	['gaz]
caça (f)	ov quşları və heyvanları	['ov guʃla'rı 'væ hɛjvanla'rı]
peru (m)	hind toyuğu	['hind toju'ɣu]

carne (f) de porco	donuz əti	[do'nuz æ'ti]
carne (f) de vitela	dana əti	[da'na æ'ti]
carne (f) de carneiro	qoyun əti	[go'jun æ'ti]
carne (f) de vaca	mal əti	['mal æ'ti]
carne (f) de coelho	ev dovşanı	['ɛv dovʃa'nı]

chouriço, salsichão (m)	kolbasa	[kolba'sa]
salsicha (f)	sosiska	[sosis'ka]
bacon (m)	bekon	['bɛkon]
fiambre (f)	vetçina	[vɛtʃi'na]
presunto (m)	donuz budu	[do'nuz bu'du]

patê (m)	paştet	[paʃ'tɛt]
fígado (m)	qara ciyər	[ga'ra dʒʲi'jær]
carne (f) moída	qiymo	[ɡij'mæ]
língua (f)	dil	['dil]

ovo (m)	yumurta	[jumur'ta]
ovos (m pl)	yumurtalar	[jumurta'lar]
clara (f) do ovo	zülal	[zy'lal]
gema (f) do ovo	yumurtanın sarısı	[jumurta'nın sarı'sı]

peixe (m)	balıq	[ba'lıh]
mariscos (m pl)	dəniz məhsulları	[dæ'niz mæhsulla'rı]
caviar (m)	kürü	[ky'ry]

caranguejo (m)	qısaquyruq	[gısaguj'ruh]
camarão (m)	krevet	[krɛ'vɛt]
ostra (f)	istridyə	[istri'dʲæ]
lagosta (f)	lanqust	[lan'gust]
polvo (m)	səkkizayaqlı ilbiz	[sækkizajag'lı il'biz]
lula (f)	kalmar	[kal'mar]

esturjão (m)	nərə balığı	[næ'ræ balı'ɣı]
salmão (m)	qızılbalıq	[gızılba'lıh]
halibute (m)	paltus	['paltus]
bacalhau (m)	treska	[trɛs'ka]
cavala, sarda (f)	skumbriya	['skumbrija]

atum (m)	tunes	[tu'nɛs]
enguia (f)	angvil balığı	[ang'vil balı'ɣı]
truta (f)	alabalıq	[alaba'lıh]
sardinha (f)	sardina	[sar'dina]
lúcio (m)	durnabalığı	[durnabalı'ɣı]
arenque (m)	siyənək	[sijæ'næk]
pão (m)	çörək	[tʃœ'ræk]
queijo (m)	pendir	[pɛn'dir]
açúcar (m)	şəkər	[ʃæ'kær]
sal (m)	duz	['duz]
arroz (m)	düyü	[dy'ju]
massas (f pl)	makaron	[maka'ron]
talharim (m)	əriştə	[æriʃ'tæ]
manteiga (f)	kərə yağı	[kæ'ræ jaɣı]
óleo (m) vegetal	bitki yağı	[bit'ki ja'ɣı]
óleo (m) de girassol	günəbaxan yağ	[gynæba'χan jaɣ]
margarina (f)	marqarin	[marga'rin]
azeitonas (f pl)	zeytun	[zɛj'tun]
azeite (m)	zeytun yağı	[zɛj'tun ja'ɣı]
leite (m)	süd	['syd]
leite (m) condensado	qatılaşdırılmış süd	[gatılaʃdırıl'mıʃ 'syd]
iogurte (m)	yoqurt	['jogurt]
nata (f) azeda	xama	[χa'ma]
nata (f) do leite	xama	[χa'ma]
maionese (f)	mayonez	[majo'nɛz]
creme (m)	krem	['krɛm]
grãos (m pl) de cereais	yarma	[jar'ma]
farinha (f)	un	['un]
enlatados (m pl)	konserv	[kon'sɛrv]
flocos (m pl) de milho	qarğıdalı yumağı	[garɣıda'lı juma'ɣı]
mel (m)	bal	['bal]
doce (m)	cem	['dʒʲɛm]
pastilha (f) elástica	saqqız	[sak'kız]

36. Bebidas

água (f)	su	['su]
água (f) potável	içməli su	[itʃmæ'li 'su]
água (f) mineral	mineral su	[minɛ'ral 'su]
sem gás	qazsız	[gaz'sız]
gaseificada	qazlı	[gaz'lı]
com gás	qazlı	[gaz'lı]
gelo (m)	buz	['buz]
com gelo	buzlu	[buz'lʲu]

sem álcool	spirtsiz	[spir'tsiz]
bebida (f) sem álcool	spirtsiz içki	[spir'tsiz itʃ'ki]
refresco (m)	sərinləşdirici içki	[særinlæʃdiri'dʒˡi itʃ'ki]
limonada (f)	limonad	[limo'nad]

bebidas (f pl) alcoólicas	spirtli içkilər	[spirt'li itʃki'lær]
vinho (m)	çaxır	[tʃa'χɪr]
vinho (m) branco	ağ çaxır	['aɣ tʃa'χɪr]
vinho (m) tinto	qırmızı çaxır	[gɪrmɪ'zɪ tʃa'χɪr]

licor (m)	likyor	[li'kˡor]
champanhe (m)	şampan	[ʃam'pan]
vermute (m)	vermut	['vɛrmut]

uísque (m)	viski	['viski]
vodka (f)	araq	[a'rah]
gim (m)	cin	['dʒˡin]
conhaque (m)	konyak	[ko'njak]
rum (m)	rom	['rom]

café (m)	qəhvə	[gæh'væ]
café (m) puro	qara qəhvə	[ga'ra gæh'væ]
café (m) com leite	südlü qəhvə	[syd'ly gæh'væ]
cappuccino (m)	xamalı qəhvə	[χama'lɪ gæh'væ]
café (m) solúvel	tez həll olunan qəhvə	['tɛz 'hæll olˡu'nan gæh'væ]

leite (m)	süd	['syd]
coquetel (m)	kokteyl	[kok'tɛjl]
batido (m) de leite	südlü kokteyl	[syd'ly kok'tɛjl]

sumo (m)	şirə	[ʃi'ræ]
sumo (m) de tomate	tomat şirəsi	[to'mat ʃiræ'si]
sumo (m) de laranja	portağal şirəsi	[porta'ɣal ʃiræ'si]
sumo (m) fresco	təzə sıxılmış şirə	[tæ'zæ sɪχɪl'mɪʃ ʃi'ræ]

cerveja (f)	pivə	[pi'væ]
cerveja (f) clara	açıq rəngli pivə	[a'tʃɪh ræng'li pi'væ]
cerveja (f) preta	tünd rəngli pivə	['tynd ræng'li pi'væ]

chá (m)	çay	['tʃaj]
chá (m) preto	qara çay	[ga'ra 'tʃaj]
chá (m) verde	yaşıl çay	[ja'ʃɪl 'tʃaj]

37. Vegetais

| legumes (m pl) | tərəvəz | [tæræ'væz] |
| verduras (f pl) | göyərti | [gøjær'ti] |

tomate (m)	pomidor	[pomi'dor]
pepino (m)	xiyar	[χi'jar]
cenoura (f)	kök	['køk]
batata (f)	kartof	[kar'tof]
cebola (f)	soğan	[so'ɣan]
alho (m)	sarımsaq	[sarım'sah]

couve (f)	kələm	[kæ'læm]
couve-flor (f)	gül kələm	['gylʲ kæ'læm]
couve-de-bruxelas (f)	Brüssel kələmi	['brysːɛl kælæ'mi]
brócolos (m pl)	brokkoli kələmi	['brokkoli kælæ'mi]

beterraba (f)	çuğundur	[tʃuɣun'dur]
beringela (f)	badımcan	[badım'dʒʲan]
curgete (f)	yunan qabağı	[ju'nan gaba'ɣı]
abóbora (f)	balqabaq	[balga'bah]
nabo (m)	şalğam	[ʃal'ɣam]

salsa (f)	petruşka	[pɛtruʃ'ka]
funcho, endro (m)	şüyüt	[ʃy'jut]
alface (f)	salat	[sa'lat]
aipo (m)	kərəviz	[kæræ'viz]
espargo (m)	qulançar	[gulan'tʃar]
espinafre (m)	ispanaq	[ispa'nah]

ervilha (f)	noxud	[no'χud]
fava (f)	paxla	[paχ'la]
milho (m)	qarğıdalı	[garɣıda'lı]
feijão (m)	lobya	[lo'bja]

pimentão (m)	bibər	[bi'bær]
rabanete (m)	turp	['turp]
alcachofra (f)	ənginar	[æŋgi'nar]

38. Frutos. Nozes

fruta (f)	meyvə	[mɛj'væ]
maçã (f)	alma	[al'ma]
pera (f)	armud	[ar'mud]
limão (m)	limon	[li'mon]
laranja (f)	portağal	[porta'ɣal]
morango (m)	bağ çiyələyi	['baɣ tʃijælæ'jı]

tangerina (f)	mandarin	[manda'rin]
ameixa (f)	gavalı	[gava'lı]
pêssego (m)	şaftalı	[ʃafta'lı]
damasco (m)	ərik	[æ'rik]
framboesa (f)	moruq	[mo'ruh]
ananás (m)	ananas	[ana'nas]

banana (f)	banan	[ba'nan]
melancia (f)	qarpız	[gar'pız]
uva (f)	üzüm	[y'zym]
ginja (f)	albalı	[alba'lı]
cereja (f)	gilas	[gi'las]
meloa (f)	yemiş	[ɛ'miʃ]

toranja (f)	qreypfrut	['grɛjpfrut]
abacate (m)	avokado	[avo'kado]
papaia (f)	papaya	[pa'paja]
manga (f)	manqo	['mango]

romã (f)	nar	['nar]
groselha (f) vermelha	qırmızı qarağat	[gɪrmɪ'zɪ gara'ɣat]
groselha (f) preta	qara qarağat	[ga'ra gara'ɣat]
groselha (f) espinhosa	krıjovnik	[krɪ'ʒovnik]
mirtilo (m)	qaragilə	[garagi'læ]
amora silvestre (f)	böyürtkən	[bøyrt'kæn]
uvas (f pl) passas	kişmiş	[kiʃ'miʃ]
figo (m)	əncir	[æn'dʒir]
tâmara (f)	xurma	[χur'ma]
amendoim (m)	araxis	[a'raχis]
amêndoa (f)	badam	[ba'dam]
noz (f)	qoz	['goz]
avelã (f)	fındıq	[fɪn'dɪh]
coco (m)	kokos	[ko'kos]
pistáchios (m pl)	püstə	[pys'tæ]

39. Pão. Bolaria

pastelaria (f)	qənnadı məmulatı	[gænna'dɪ mæmula'tɪ]
pão (m)	çörək	[tʃœ'ræk]
bolacha (f)	peçenye	[pɛ'tʃɛnjɛ]
chocolate (m)	şokolad	[ʃoko'lad]
de chocolate	şokolad	[ʃoko'lad]
rebuçado (m)	konfet	[kon'fɛt]
bolo (cupcake, etc.)	pirojna	[piroʒ'na]
bolo (m) de aniversário	tort	['tort]
tarte (~ de maçã)	piroq	[pi'roh]
recheio (m)	iç	['itʃ]
doce (m)	mürəbbə	[myræb'bæ]
geleia (f) de frutas	marmelad	[marmɛ'lad]
waffle (m)	vafli	[vaf'li]
gelado (m)	dondurma	[dondur'ma]

40. Pratos cozinhados

prato (m)	yemək	[ɛ'mæk]
cozinha (~ portuguesa)	mətbəx	[mæt'bæχ]
receita (f)	resept	[rɛ'sɛpt]
porção (f)	porsiya	['porsija]
salada (f)	salat	[sa'lat]
sopa (f)	şorba	[ʃor'ba]
caldo (m)	ətin suyu	[æ'tin su'ju]
sandes (f)	buterbrod	[butɛr'brod]
ovos (m pl) estrelados	qayqanaq	[gajga'nah]
hambúrguer (m)	hamburqer	['hamburgɛr]

bife (m)	bifşteks	[bifʃ'tɛks]
conduto (m)	qarnir	[gar'nir]
espaguete (m)	spaqetti	[spa'gɛtti]
puré (m) de batata	kartof püresi	[kar'tof pyrɛ'si]
pizza (f)	pitsa	['pitsa]
papa (f)	sıyıq	[sı'jıh]
omelete (f)	omlet	[om'lɛt]
cozido em água	bişmiş	[biʃ'miʃ]
fumado	hisə verilmiş	[hi'sæ vɛril'miʃ]
frito	qızardılmış	[gızardıl'mıʃ]
seco	quru	[gu'ru]
congelado	dondurulmuş	[dondurul'muʃ]
em conserva	duza qoyulmuş	[du'za gojul'muʃ]
doce (açucarado)	şirin	[ʃi'rin]
salgado	duzlu	[duz'lʲu]
frio	soyuq	[so'juh]
quente	isti	[is'ti]
amargo	acı	[a'dʒʲı]
gostoso	dadlı	[dad'lı]
cozinhar (em água a ferver)	bişirmək	[biʃir'mæk]
fazer, preparar (vt)	hazırlamaq	[hazırla'mah]
fritar (vt)	qızartmaq	[gızart'mah]
aquecer (vt)	qızdırmaq	[gızdır'mah]
salgar (vt)	duz vurmaq	['duz vur'mah]
apimentar (vt)	istiot vurmaq	[isti'ot vur'mah]
ralar (vt)	sürtkəcdə xırdalamaq	[syrtkædʒʲ'dæ χırdala'mah]
casca (f)	qabıq	[ga'bıh]
descascar (vt)	qabığını soymaq	[gabıɣı'nı soj'mah]

41. Especiarias

sal (m)	duz	['duz]
salgado	duzlu	[duz'lʲu]
salgar (vt)	duz vurmaq	['duz vur'mah]
pimenta (f) preta	qara istiot	[ga'ra isti'ot]
pimenta (f) vermelha	qırmızı istiot	[gırmı'zı isti'ot]
mostarda (f)	xardal	[χar'dal]
raiz-forte (f)	qıtığotu	[gıtıɣo'tu]
condimento (m)	yeməyə dad verən əlavə	[ɛmæ'jæ 'dad vɛ'ræn æla'væ]
especiaria (f)	ədviyyat	[ædvi'at]
molho (m)	sous	['sous]
vinagre (m)	sirkə	[sir'kæ]
anis (m)	cirə	[dʒʲi'ræ]
manjericão (m)	reyhan	[rɛj'han]
cravo (m)	mixək	[mi'χæk]
gengibre (m)	zəncəfil	[zændʒʲæ'fil]
coentro (m)	keşniş	[kɛʃ'niʃ]

canela (f)	darçın	[dar'tʃın]
sésamo (m)	küncüt	[kyn'dʒyt]
folhas (f pl) de louro	dəfnə yarpağı	[dæf'næ jarpa'ɣı]
páprica (f)	paprika	['paprika]
cominho (m)	zirə	[zi'ræ]
açafrão (m)	zəfəran	[zæfæ'ran]

42. Refeições

comida (f)	yemək	[ɛ'mæk]
comer (vt)	yemək	[ɛ'mæk]
pequeno-almoço (m)	səhər yeməyi	[sæ'hær ɛmɛ'jı]
tomar o pequeno-almoço	səhər yeməyi yemək	[sæ'hær ɛmæ'jı ɛ'mæk]
almoço (m)	nahar	[na'har]
almoçar (vi)	nahar etmək	[na'har ɛt'mæk]
jantar (m)	axşam yeməyi	[aχ'ʃam ɛmɛ'jı]
jantar (vi)	axşam yeməyi yemək	[aχ'ʃam ɛmæ'jı ɛ'mæk]
apetite (m)	iştaha	[iʃta'ha]
Bom apetite!	Nuş olsun!	['nuʃ ol'sun]
abrir (~ uma lata, etc.)	açmaq	[atʃ'mah]
derramar (vt)	tökmək	[tøk'mæk]
derramar-se (vr)	tökülmək	[tøkyl'mæk]
ferver (vi)	qaynamaq	[gajna'mah]
ferver (vt)	qaynatmaq	[gajnat'mah]
fervido	qatnamış	[gajna'mıʃ]
arrefecer (vt)	soyutmaq	[sojut'mah]
arrefecer-se (vr)	soyumaq	[soju'mah]
sabor, gosto (m)	dad	['dad]
gostinho (m)	dad	['dad]
fazer dieta	pəhriz saxlamaq	[pæh'riz saχla'mah]
dieta (f)	pəhriz	[pæh'riz]
vitamina (f)	vitamin	[vita'min]
caloria (f)	kaloriya	[ka'lorija]
vegetariano (m)	ət yeməyən adam	['æt 'ɛmæjæn a'dam]
vegetariano	ətsiz xörək	[æ'tsiz χø'ræk]
gorduras (f pl)	yağlar	[ja'ɣlar]
proteínas (f pl)	zülallar	[zylal'lar]
carboidratos (m pl)	karbohidratlar	[karbohidrat'lar]
fatia (~ de limão, etc.)	dilim	[di'lim]
pedaço (~ de bolo)	tikə	[ti'kæ]
migalha (f)	qırıntı	[gırın'tı]

43. Por a mesa

colher (f)	qaşıq	[ga'ʃıh]
faca (f)	bıçaq	[bı'tʃah]

garfo (m)	çəngəl	[tʃæ'ŋgæl]
chávena (f)	fincan	[fin'dʒʲan]
prato (m)	boşqab	[boʃ'gap]
pires (m)	nəlbəki	[nælbæ'ki]
guardanapo (m)	salfetka	[salfɛt'ka]
palito (m)	dişqurdalayan	[diʃgurdala'jan]

44. Restaurante

restaurante (m)	restoran	[rɛsto'ran]
café (m)	qəhvəxana	[gæhvææχa'na]
bar (m), cervejaria (f)	bar	['bar]
salão (m) de chá	çay salonu	['tʃaj salo'nu]
empregado (m) de mesa	ofisiant	[ofisi'ant]
empregada (f) de mesa	ofisiant qız	[ofisi'ant 'gɪz]
barman (m)	barmen	['barmɛn]
ementa (f)	menyu	[mɛ'nju]
lista (f) de vinhos	çaxırlar kartı	[tʃaχɪr'lar kar'tɪ]
reservar uma mesa	masa sifarişi etmək	[ma'sa sifa'riʃ ɛt'mæk]
prato (m)	yemək	[ɛ'mæk]
pedir (vt)	yemək sifarişi etmək	[ɛ'mæk sifa'riʃ æt'mæk]
fazer o pedido	sifariş etmək	[sifa'riʃ ɛt'mæk]
aperitivo (m)	aperitiv	[apɛri'tiv]
entrada (f)	qəlyanaltı	[gæ'ljanaltɪ]
sobremesa (f)	desert	[dɛ'sɛrt]
conta (f)	hesab	[hɛ'sap]
pagar a conta	hesabı ödəmək	[hɛsa'bɪ ødæ'mæk]
dar o troco	pulun artığını qaytarmaq	[pu'lʲun artɪɣɪ'nɪ gajtar'mah]
gorjeta (f)	çaypulu	[tʃajpu'lʲu]

T&P Books. Vocabulário Português-Azeri - 5000 palavras

Família, parentes e amigos

45. Informação pessoal. Formulários

nome (m)	ad	['ad]
apelido (m)	soyadı	['sojadı]
data (f) de nascimento	anadan olduğu tarix	[ana'dan oldu'ɣu ta'rix]
local (m) de nascimento	anadan olduğu yer	[ana'dan oldu'ɣu 'ɛr]
nacionalidade (f)	milliyəti	[millijæ'ti]
lugar (m) de residência	yaşayış yeri	[jaʃa'jıʃ jɛ'ri]
país (m)	ölkə	[øl'kæ]
profissão (f)	peşəsi	[pɛʃæ'si]
sexo (m)	cinsi	[dʒʲin'si]
estatura (f)	boyu	[bo'ju]
peso (m)	çəki	[ʧæ'ki]

46. Membros da família. Parentes

mãe (f)	ana	[a'na]
pai (m)	ata	[a'ta]
filho (m)	oğul	[o'ɣul]
filha (f)	qız	['gız]
filha (f) mais nova	kiçik qız	[ki'ʧik 'gız]
filho (m) mais novo	kiçik oğul	[kiʧik o'ɣul]
filha (f) mais velha	böyük qız	[bø'juk 'gız]
filho (m) mais velho	böyük oğul	[bøyk o'ɣul]
irmão (m)	qardaş	[gar'daʃ]
irmã (f)	bacı	[ba'dʒʲı]
primo (m)	xalaoğlu	[χalao'ɣlʲu]
prima (f)	xalaqızı	[χalagı'zı]
mamã (f)	ana	[a'na]
papá (m)	ata	[a'ta]
pais (pl)	valideynlər	[validɛjn'lær]
criança (f)	uşaq	[u'ʃah]
crianças (f pl)	uşaqlar	[uʃag'lar]
avó (f)	nənə	[næ'næ]
avô (m)	baba	[ba'ba]
neto (m)	nəvə	[næ'væ]
neta (f)	nəvə	[næ'væ]
netos (pl)	nəvələr	[nævæ'lær]
tio (m)	dayı	[da'jı]
tia (f)	xala	[χa'la]

43

sobrinho (m)	bacıoğlu	[badʒʲɪo'ɣlʲu]
sobrinha (f)	bacıqızı	[badʒʲɪgɪ'zɪ]
sogra (f)	qayınana	[gajɪna'na]
sogro (m)	qayınata	[gajna'ta]
genro (m)	yeznə	[ɛz'næ]
madrasta (f)	analıq	[ana'lɪh]
padrasto (m)	atalıq	[ata'lɪh]
criança (f) de colo	südəmər uşaq	[sydæ'mær u'ʃah]
bebé (m)	çağa	[tʃa'ɣa]
menino (m)	körpə	[kør'pæ]
mulher (f)	arvad	[ar'vad]
marido (m)	ər	['ær]
esposo (m)	həyat yoldaşı	[hæ'jat jolda'ʃɪ]
esposa (f)	həyat yoldaşı	[hæ'jat jolda'ʃɪ]
casado	evli	[ɛv'li]
casada	ərli qadın	[ær'li ga'dɪn]
solteiro	subay	[su'baj]
solteirão (m)	subay	[su'baj]
divorciado	boşanmış	[boʃan'mɪʃ]
viúva (f)	dul qadın	['dul ga'dɪn]
viúvo (m)	dul kişi	['dul ki'ʃi]
parente (m)	qohum	[go'hum]
parente (m) próximo	yaxın qohum	[ja'χɪn go'hum]
parente (m) distante	uzaq qohum	[u'zah go'hum]
parentes (m pl)	qohumlar	[gohum'lar]
órfão (m), órfã (f)	yetim	[ɛ'tim]
tutor (m)	himayəçi	[himajæ'tʃi]
adotar (um filho)	oğulluğa götürmək	[oɣullʲu'ɣa gøtyr'mæk]
adotar (uma filha)	qızlığa götürmək	[gɪzlɪ'ɣa gøtyr'mæk]

Medicina

47. Doenças

doença (f)	xəstəlik	[χæstæ'lik]
estar doente	xəstə olmaq	[χæs'tæ ol'mah]
saúde (f)	sağlamlıq	[saɣlam'lıh]
nariz (m) a escorrer	zökəm	[zø'kæm]
amigdalite (f)	angina	[a'ngina]
constipação (f)	soyuqdəymə	[sojugdæj'mæ]
constipar-se (vr)	özünü soyuğa vermək	[øzy'ny soju'ɣa vɛr'mæk]
bronquite (f)	bronxit	[bron'χit]
pneumonia (f)	sətəlcəm	[sætæl'ʤˈæm]
gripe (f)	qrip	['grip]
míope	uzağı görməyən	[uza'ɣı 'gørmæjæn]
presbita	uzağı yaxşı görən	[uza'ɣı jaχ'ʃı gø'ræn]
estrabismo (m)	çəpgözlük	[ʧæpgøz'lyk]
estrábico	çəpgöz	[ʧæp'gøz]
catarata (f)	katarakta	[kata'rakta]
glaucoma (m)	qlaukoma	[glau'koma]
AVC (m), apoplexia (f)	insult	[in'sulʲt]
ataque (m) cardíaco	infarkt	[in'farkt]
enfarte (m) do miocárdio	miokard infarktı	[mio'kard infark'tı]
paralisia (f)	iflic	[if'liʤʲ]
paralisar (vt)	iflic olmaq	[if'liʤʲ ol'mah]
alergia (f)	allergiya	[allɛr'gija]
asma (f)	astma	['astma]
diabetes (f)	diabet	[dia'bɛt]
dor (f) de dentes	diş ağrısı	['diʃ aɣrı'sı]
cárie (f)	kariyes	['kariɛs]
diarreia (f)	diareya	[dia'rɛja]
prisão (f) de ventre	qəbizlik	[gæbiz'lik]
desarranjo (m) intestinal	mədə pozuntusu	[mæ'dæ pozuntu'su]
intoxicação (f) alimentar	zəhərlənmə	[zæhærlæn'mæ]
intoxicar-se	qidadan zəhərlənmək	[gida'dan zæhærlæn'mæk]
artrite (f)	artrit	[art'rit]
raquitismo (m)	raxit	[ra'χit]
reumatismo (m)	revmatizm	[rɛvma'tizm]
arteriosclerose (f)	ateroskleroz	[atɛrosklɛ'roz]
gastrite (f)	qastrit	[gast'rit]
apendicite (f)	appendisit	[appɛndi'sit]

colecistite (f) | xolesistit | [xolɛsis'tit]
úlcera (f) | xora | [xo'ra]

sarampo (m) | qızılca | [gızıl'dʒʲa]
rubéola (f) | məxmərək | [mæxmæ'ræk]
itericia (f) | sarılıq | [sarı'lıh]
hepatite (f) | hepatit | [hɛpa'tit]

esquizofrenia (f) | şizofreniya | [ʃizofrɛ'nija]
raiva (f) | quduzluq | [guduz'lʲuh]
neurose (f) | nevroz | [nɛv'roz]
comoção (f) cerebral | beyin sarsıntısı | [bɛ'jın sarsıntı'sı]

cancro (m) | rak | ['rak]
esclerose (f) | skleroz | [sklɛ'roz]
esclerose (f) múltipla | dağınıq skleroz | [dayı'nıh sklɛ'roz]

alcoolismo (m) | əyyaşlıq | [æjaʃ'lıh]
alcoólico (m) | əyyaş | [æ'jaʃ]
sífilis (f) | sifilis | ['sifilis]
SIDA (f) | QİÇS | ['gitʃs]

tumor (m) | şiş | ['ʃiʃ]
maligno | bədxassəli | ['bædxas'sæli]
benigno | xoşxassəli | [xoʃxas'sæli]

febre (f) | qızdırma | [gızdır'ma]
malária (f) | malyariya | [malʲa'rija]
gangrena (f) | qanqrena | [gang'rɛna]
enjoo (m) | dəniz xəstəliyi | [dæ'niz xæstæli'jı]
epilepsia (f) | epilepsiya | [ɛpi'lɛpsija]

epidemia (f) | epidemiya | [ɛpi'dɛmija]
tifo (m) | yatalaq | [jata'lah]
tuberculose (f) | vərəm | [væ'ræm]
cólera (f) | vəba | [væ'ba]
peste (f) | taun | [ta'un]

48. Sintomas. Tratamentos. Parte 1

sintoma (m) | əlamət | [æla'mæt]
temperatura (f) | qızdırma | [gızdır'ma]
febre (f) | yüksək qızdırma | [jyk'sæk gızdır'ma]
pulso (m) | nəbz | ['næbz]

vertigem (f) | başgicəllənməsi | [baʃgidʒʲællænmæ'si]
quente (testa, etc.) | isti | [is'ti]
calafrio (m) | titrəmə | [titræ'mæ]
pálido | rəngi ağarmış | [ræ'ngi ayar'mıʃ]

tosse (f) | öskürək | [øsky'ræk]
tossir (vi) | öskürmək | [øskyr'mæk]
espirrar (vi) | asqırmaq | [asgır'mah]
desmaio (m) | bihuşluq | [bihuʃ'lʲuh]

desmaiar (vi)	huşunu itirmək	['huʃunu itir'mæk]
nódoa (f) negra	qançır	[gan'tʃır]
galo (m)	şiş	['ʃiʃ]
magoar-se (vr)	dəymək	[dæj'mæk]
pisadura (f)	zədələmə	[zædælæ'mæ]
aleijar-se (vr)	zədələnmək	[zædælæn'mæk]
coxear (vi)	axsamaq	[axsa'mah]
deslocação (f)	burxulma	[burχul'ma]
deslocar (vt)	burxutmaq	[burχut'mah]
fratura (f)	sınıq	[sı'nıh]
fraturar (vt)	sındırmaq	[sındır'mah]
corte (m)	kəsik	[kæ'sik]
cortar-se (vr)	kəsmək	[kæs'mæk]
hemorragia (f)	qanaxma	[ganaχ'ma]
queimadura (f)	yanıq	[ja'nıh]
queimar-se (vr)	yanmaq	[jan'mah]
picar (vt)	batırmaq	[batır'mah]
picar-se (vr)	batırmaq	[batır'mah]
lesionar (vt)	zədələmək	[zædælæ'mæk]
lesão (m)	zədə	[zæ'dæ]
ferida (f), ferimento (m)	yara	[ja'ra]
trauma (m)	travma	['travma]
delirar (vi)	sayıqlamaq	[sajıgla'mah]
gaguejar (vi)	kəkələmək	[kækælæ'mæk]
insolação (f)	gün vurması	['gyn vurma'sı]

49. Sintomas. Tratamentos. Parte 2

dor (f)	ağrı	[a'ɣrı]
farpa (no dedo)	tikan	[ti'kan]
suor (m)	tər	['tær]
suar (vi)	tərləmək	[tærlæ'mæk]
vómito (m)	qusma	[gus'ma]
convulsões (f pl)	qıc	['gıdʒi]
grávida	hamilə	[hami'læ]
nascer (vi)	anadan olmaq	[ana'dan ol'mah]
parto (m)	doğuş	[do'ɣuʃ]
dar à luz	doğmaq	[do'ɣmah]
aborto (m)	uşaq saldırma	[u'ʃah saldır'ma]
respiração (f)	tənəffüs	[tænæf'fys]
inspiração (f)	nəfəs alma	[næ'fæs al'ma]
expiração (f)	nəfəs vermə	[næ'fæs vɛr'mæ]
expirar (vi)	nəfəs vermək	[næ'fæs vɛr'mæk]
inspirar (vi)	nəfəs almaq	[næ'fæs al'mah]
inválido (m)	əlil	[æ'lil]
aleijado (m)	şikəst	[ʃi'kæst]

toxicodependente (m)	narkoman	[narko'man]
surdo	kar	['kar]
mudo	lal	['lal]
surdo-mudo	lal-kar	['lal 'kar]

louco (adj.)	dəli	[dæ'li]
louco (m)	dəli	[dæ'li]
louca (f)	dəli	[dæ'li]
ficar louco	dəli olmaq	[dæ'li ol'mah]

gene (m)	gen	['gɛn]
imunidade (f)	immunitet	[immuni'tɛt]
hereditário	irsi	[ir'si]
congénito	anadangəlmə	[anadangæl'mæ]

vírus (m)	virus	['virus]
micróbio (m)	mikrob	[mik'rop]
bactéria (f)	bakteriya	[bak'tɛrija]
infeção (f)	infeksiya	[in'fɛksija]

50. Sintomas. Tratamentos. Parte 3

hospital (m)	xəstəxana	[χæstæχa'na]
paciente (m)	pasiyent	[pasi'ɛnt]

diagnóstico (m)	diaqnoz	[di'agnoz]
cura (f)	müalicə	[myali'dʒʲæ]
curar-se (vr)	müalicə olunmaq	[myali'dʒʲæ olʲun'mah]
tratar (vt)	müalicə etmək	[myali'dʒʲæ ɛt'mæk]
cuidar (pessoa)	xəstəyə qulluq etmək	[χæstæ'jæ gul'lʲuh ɛt'mæk]
cuidados (m pl)	xəstəyə qulluq	[χæstæ'jæ gul'lʲuh]

operação (f)	əməliyyat	[æmæli'at]
enfaixar (vt)	sarğı bağlamaq	[sar'ɣı baɣla'mah]
enfaixamento (m)	sarğı	[sar'ɣı]

vacinação (f)	peyvənd	[pɛj'vænd]
vacinar (vt)	peyvənd etmək	[pɛj'vænd æt'mæk]
injeção (f)	iynə	[ij'næ]
dar uma injeção	iynə vurmaq	[ij'næ vur'mah]

amputação (f)	amputasiya	[ampu'tasija]
amputar (vt)	amputasiya etmək	[ampu'tasija ɛt'mæk]
coma (f)	koma	['koma]
estar em coma	komaya düşmək	['komaja dyʃ'mæk]
reanimação (f)	reanimasiya	[rɛani'masija]

recuperar-se (vr)	sağalmaq	[saɣal'mah]
estado (~ de saúde)	vəziyyət	[væzi'æt]
consciência (f)	huş	['huʃ]
memória (f)	yaddaş	[jad'daʃ]

tirar (vt)	çəkdirmək	[ʧækdir'mæk]
chumbo (m), obturação (f)	plomb	['plomp]

chumbar, obturar (vt)	plomblamaq	[plombla'mah]
hipnose (f)	hipnoz	[hip'noz]
hipnotizar (vt)	hipnoz etmək	[hip'noz εt'mæk]

51. Médicos

médico (m)	həkim	[hæ'kim]
enfermeira (f)	tibb bacısı	['tibp badʒı'sı]
médico (m) pessoal	şəxsi həkim	[ʃæχ'si hæ'kim]

dentista (m)	diş həkimi	['diʃ hæki'mi]
oculista (m)	göz həkimi	[gøz hæki'mi]
terapeuta (m)	terapevt	[tεra'pεvt]
cirurgião (m)	cərrah	[dʒᶦær'rah]

psiquiatra (m)	psixiatr	[psiχi'atr]
pediatra (m)	pediatr	[pεdi'atr]
psicólogo (m)	psixoloq	[psi'χoloh]
ginecologista (m)	ginekoloq	[ginε'koloh]
cardiologista (m)	kardioloq	[kardi'oloh]

52. Medicina. Drogas. Acessórios

medicamento (m)	dərman	[dær'man]
remédio (m)	dava	[da'va]
receitar (vt)	yazmaq	[jaz'mah]
receita (f)	resept	[rε'sεpt]

comprimido (m)	həb	['hæp]
pomada (f)	məlhəm	[mæl'hæm]
ampola (f)	ampula	['ampula]
preparado (m)	mikstura	[miks'tura]
xarope (m)	sirop	[si'rop]
cápsula (f)	həb	['hæp]
remédio (m) em pó	toz dərman	['toz dær'man]

ligadura (f)	bint	['bint]
algodão (m)	pambıq	[pam'bıh]
iodo (m)	yod	['jod]
penso (m) rápido	yapışan məlhəm	[japı'ʃan mæl'hæm]
conta-gotas (m)	damcıtökən	[damdʒᶦıtø'kæn]
termómetro (m)	termometr	[tεr'momεtr]
seringa (f)	şpris	['ʃpris]

| cadeira (f) de rodas | əlil arabası | [æ'lil araba'sı] |
| muletas (f pl) | qoltuqağacı | [goltugaɣa'dʒᶦı] |

analgésico (m)	ağrıkəsici	[aɣrıkæsi'dʒᶦi]
laxante (m)	işlətmə dərmanı	[iʃlæt'mæ dærma'nı]
álcool (m) etílico	spirt	['spirt]
ervas (f pl) medicinais	bitki	[bit'ki]
de ervas (chá ~)	bitki	[bit'ki]

HABITAT HUMANO

Cidade

53. Cidade. Vida na cidade

cidade (f)	şəhər	[ʃæ'hær]
capital (f)	paytaxt	[paj'taχt]
aldeia (f)	kənd	['kænd]

mapa (m) da cidade	şəhərin planı	[ʃæhæ'rin pla'nı]
centro (m) da cidade	şəhərin mərkəzi	[ʃæhæ'rin mærkæ'zi]
subúrbio (m)	şəhərətrafı qəsəbə	[ʃæhærætra'fı gæsæ'bæ]
suburbano	şəhərətrafı	[ʃæhærætra'fı]

periferia (f)	kənar	[kæ'nar]
arredores (m pl)	ətraf yerlər	[æt'raf ɛr'lɛr]
quarteirão (m)	məhəllə	[mæhæl'læ]
quarteirão (m) residencial	yaşayış məhəlləsi	[jaʃa'jıʃ mæhællæ'si]

tráfego (m)	hərəkət	[hæræ'kæt]
semáforo (m)	svetofor	[svɛto'for]
transporte (m) público	şəhər nəqliyyatı	[ʃæ'hær næglia'tı]
cruzamento (m)	dörd yol ağzı	[dørd 'jol a'ɣzı]

passadeira (f)	keçid	[kɛ'ʧid]
passagem (f) subterrânea	yeraltı keçid	[ɛral'tı kɛ'ʧid]
cruzar, atravessar (vt)	keçmək	[kɛʧ'mæk]
peão (m)	piyada gedən	[pija'da gɛ'dæn]
passeio (m)	küçə səkisi	[ky'ʧæ sæki'si]

ponte (f)	körpü	[kør'py]
margem (f) do rio	sahil küçəsi	[sa'hil kyʧæ'si]
fonte (f)	fəvvarə	['fævva'ræ]

alameda (f)	xiyaban	[χija'ban]
parque (m)	park	['park]
bulevar (m)	bulvar	[bul'var]
praça (f)	meydan	[mɛj'dan]
avenida (f)	prospekt	[pros'pɛkt]
rua (f)	küçə	[ky'ʧæ]
travessa (f)	döngə	[dø'ngæ]
beco (m) sem saída	dalan	[da'lan]

casa (f)	ev	['ɛv]
edifício, prédio (m)	bina	[bi'na]
arranha-céus (m)	göydələn	[gøjdæ'læn]
fachada (f)	fasad	[fa'sad]
telhado (m)	dam	['dam]

janela (f)	pəncərə	[pændʒ'æ'ræ]
arco (m)	arka	['arka]
coluna (f)	sütun	[sy'tun]
esquina (f)	tin	['tin]

montra (f)	vitrin	[vit'rin]
letreiro (m)	lövhə	[løv'hæ]
cartaz (m)	afişa	[a'fiʃa]
cartaz (m) publicitário	reklam plakatı	[rɛk'lam plaka'tı]
painel (m) publicitário	reklam lövhəsi	[rɛk'lam løvhæ'si]

lixo (m)	tullantılar	[tullantı'lar]
cesta (f) do lixo	urna	['urna]
jogar lixo na rua	zibilləmək	[zibillæ'mæk]
aterro (m) sanitário	zibil tökülən yer	[zi'bil tøky'læn 'ɛr]

cabine (f) telefónica	telefon budkası	[tɛlɛ'fon budka'sı]
candeeiro (m) de rua	fənərli dirək	[fænær'li di'ræk]
banco (m)	skamya	[skam'ja]

polícia (m)	polis işçisi	[po'lis iʧʃi'si]
polícia (instituição)	polis	[po'lis]
mendigo (m)	dilənçi	[dilæn'ʧi]
sem-abrigo (m)	evsiz-eşiksiz	[ɛv'siz æʃik'siz]

54. Instituições urbanas

loja (f)	mağaza	[ma'ɣaza]
farmácia (f)	aptek	[ap'tɛk]
ótica (f)	optik cihazlar	[op'tik dʒ'ihaz'lar]
centro (m) comercial	ticarət mərkəzi	[tidʒ'a'ræt mærkæ'zi]
supermercado (m)	supermarket	[supɛr'markɛt]

padaria (f)	çörəkçixana	[ʧœræktʃixa'na]
padeiro (m)	çörəkçi	['ʧœræk'ʧi]
pastelaria (f)	şirniyyat mağazası	[ʃirni'at ma'ɣazası]
mercearia (f)	bakaleya mağazası	[baka'lɛja ma'ɣazası]
talho (m)	ət dükanı	['æt dyka'nı]

loja (f) de legumes	tərəvəz dükanı	[tæræ'væz dyka'nı]
mercado (m)	bazar	[ba'zar]

café (m)	kafe	[ka'fɛ]
restaurante (m)	restoran	[rɛsto'ran]
bar (m), cervejaria (f)	pivəxana	[pivæxa'na]
pizzaria (f)	pitseriya	[pitsɛ'rija]

salão (m) de cabeleireiro	bərbərxana	[bærbærxa'na]
correios (m pl)	poçt	['poʧt]
lavandaria (f)	kimyəvi təmizləmə	[kimjæ'vi tæmizlæ'mæ]
estúdio (m) fotográfico	fotoatelye	[fotoatɛ'ljɛ]

sapataria (f)	ayaqqabı mağazası	[ajakka'bı ma'ɣazası]
livraria (f)	kitab mağazası	[ki'tap ma'ɣazası]

Português	Azeri	Pronúncia
loja (f) de artigos de desporto	idman malları mağazası	[id'man malla'rı ma'ɣazası]
reparação (f) de roupa	paltarların təmiri	[paltarla'rın tæmi'ri]
aluguer (m) de roupa	paltarların kirayəsi	[paltarla'rın kirajæ'si]
aluguer (m) de filmes	filmlərin kirayəsi	[filmlæ'rin kirajæ'si]
circo (m)	sirk	['sirk]
jardim (m) zoológico	heyvanat parkı	[hɛjva'nat par'kı]
cinema (m)	kinoteatr	[kinotɛ'atr]
museu (m)	muzey	[mu'zɛj]
biblioteca (f)	kitabxana	[kitapχa'na]
teatro (m)	teatr	[tɛ'atr]
ópera (f)	opera	['opɛra]
clube (m) noturno	gecə klubu	[gɛ'dʒʲæ klʲu'bu]
casino (m)	kazino	[kazi'no]
mesquita (f)	məsçid	[mæs'tʃid]
sinagoga (f)	sinaqoq	[sina'goh]
catedral (f)	baş kilsə	['baʃ kil'sæ]
templo (m)	məbəd	[mæ'bæd]
igreja (f)	kilsə	[kil'sæ]
instituto (m)	institut	[insti'tut]
universidade (f)	universitet	[univɛrsi'tɛt]
escola (f)	məktəb	[mæk'tæp]
prefeitura (f)	prefektura	[prɛfɛk'tura]
câmara (f) municipal	bələdiyyə	[bælædi'æ]
hotel (m)	mehmanxana	[mɛhmanχa'na]
banco (m)	bank	['bank]
embaixada (f)	səfirlik	[sæfir'lik]
agência (f) de viagens	turizm agentliyi	[tu'rizm agɛntli'jı]
agência (f) de informações	məlumat bürosu	[mælʲu'mat byro'su]
casa (f) de câmbio	mübadilə məntəqəsi	[mybadi'læ mæntægæ'si]
metro (m)	metro	[mɛt'ro]
hospital (m)	xəstəxana	[χæstæχa'na]
posto (m) de gasolina	yanacaq doldurma məntəqəsi	[jana'dʒʲah doldur'ma mæntægæ'si]
parque (m) de estacionamento	avtomobil dayanacağı	[avtomo'bil dajanadʒʲa'ɣı]

55. Sinais

Português	Azeri	Pronúncia
letreiro (m)	lövhə	[løv'hæ]
inscrição (f)	yazı	[ja'zı]
cartaz, póster (m)	plakat	[pla'kat]
sinal (m) informativo	göstərici	[gøstɛri'dʒʲi]
seta (f)	göstərici əqrəb	[gøstɛri'dʒʲi æg'ræp]
aviso (advertência)	xəbərdarlıq	[χæbærdar'lıh]
sinal (m) de aviso	xəbərdarlıq	[χæbærdar'lıh]
avisar, advertir (vt)	xəbərdarlıq etmək	[χæbærdar'lıh ɛt'mæk]

dia (m) de folga	istirahət günü	[istira'hæt gy'ny]
horário (m)	cədvəl	[dʒˈæd'væl]
horário (m) de funcionamento	iş saatları	['iʃ saatla'rı]
BEM-VINDOS!	XOŞ GƏLMİŞSİNİZ!	['χoʃ gæl'miʃsiniz]
ENTRADA	GİRİŞ	[gi'riʃ]
SAÍDA	ÇIXIŞ	[tʃɪ'χɪʃ]
EMPURRE	ÖZÜNDƏN	[øzyn'dæn]
PUXE	ÖZÜNƏ TƏRƏF	[øzy'næ tæ'ræf]
ABERTO	AÇIQDIR	[a'tʃɪgdır]
FECHADO	BAĞLIDIR	[ba'ylıdır]
MULHER	QADINLAR ÜÇÜN	[gadın'lar ju'tʃun]
HOMEM	KİŞİLƏR ÜÇÜN	[kiʃi'lær ju'tʃun]
DESCONTOS	ENDİRİMLƏR	[ɛndirim'lær]
SALDOS	ENDİRİMLİ SATIŞ	[ɛndirim'li sa'tıʃ]
NOVIDADE!	YENİ MAL!	[ɛ'ni 'mal]
GRÁTIS	PULSUZ	[pul'suz]
ATENÇÃO!	DİQQƏT!	[dik'kæt]
NÃO HÁ VAGAS	BOŞ YER YOXDUR	['boʃ 'ɛr 'joχdur]
RESERVADO	SİFARİŞ EDİLİB	[sifa'riʃ ɛdi'lip]
ADMINISTRAÇÃO	MÜDİRİYYƏT	[mydiri'æt]
SOMENTE PESSOAL AUTORIZADO	YALNIZ İŞÇİLƏR ÜÇÜN	['jalnız iʃtʃi'lær ju'tʃun]
CUIDADO CÃO FEROZ	TUTAĞAN İT	[tuta'yan 'it]
PROIBIDO FUMAR!	SİQARET ÇƏKMƏYİN!	[siga'rɛt 'tʃækmæjın]
NÃO TOCAR	ƏL VURMAYIN!	['æl 'vurmajın]
PERIGOSO	TƏHLÜKƏLİDİR	[tæhlykæ'lidir]
PERIGO	TƏHLÜKƏ	[tæhly'kæ]
ALTA TENSÃO	YÜKSƏK GƏRGİNLİK	[jyk'sæk gærgin'lik]
PROIBIDO NADAR	ÇİMMƏK QADAĞANDIR	[tʃim'mæk gada'yandır]
AVARIADO	İŞLƏMİR	[iʃ'læmir]
INFLAMÁVEL	ODDAN TƏHLÜKƏLİDİR	[od'dan tæhlykæ'lidir]
PROIBIDO	QADAĞANDIR	[gada'yandır]
ENTRADA PROIBIDA	KEÇMƏK QADAĞANDIR	[kɛtʃ'mæk gada'yandır]
CUIDADO TINTA FRESCA	RƏNGLƏNİB	[rænglæ'nip]

56. Transportes urbanos

autocarro (m)	avtobus	[av'tobus]
elétrico (m)	tramvay	[tram'vaj]
troleicarro (m)	trolleybus	[trol'lɛjbus]
itinerário (m)	marşrut	[marʃ'rut]
número (m)	nömrə	[nøm'ræ]
ir de ... (carro, etc.)	getmək	[gɛt'mæk]
entrar (~ no autocarro)	minmək	[min'mæk]

descer de ...	enmək	[ɛn'mæk]
paragem (f)	dayanacaq	[dajana'dʒʲah]
próxima paragem (f)	növbəti dayanacaq	[nøvbæ'ti dajana'dʒʲah]
ponto (m) final	axırıncı dayanacaq	[aχɪrɪn'dʒʲɪ dajana'dʒʲah]
horário (m)	hərəkət cədvəli	[hæræ'kæt dʒʲædvæ'li]
esperar (vt)	gözləmək	[gøzlæ'mæk]

| bilhete (m) | bilet | [bi'lɛt] |
| custo (m) do bilhete | biletin qiyməti | [bilɛ'tin gijmæ'ti] |

bilheteiro (m)	kassir	[kas'sir]
controlo (m) dos bilhetes	nəzarət	[næza'ræt]
revisor (m)	nəzarətçi	[næzaræ'tʃi]

atrasar-se (vr)	gecikmək	[gɛdʒʲik'mæk]
perder (o autocarro, etc.)	gecikmək	[gɛdʒʲik'mæk]
estar com pressa	tələsmək	[tælæs'mæk]

táxi (m)	taksi	[tak'si]
taxista (m)	taksi sürücüsü	[tak'si syrydʒy'sy]
de táxi (ir ~)	taksi ilə	[tak'si i'læ]
praça (f) de táxis	taksi dayanacağı	[tak'si dajanadʒʲa'ɣɪ]
chamar um táxi	taksi sifariş etmək	[tak'si sifa'riʃ ɛt'mæk]
apanhar um táxi	taksi tutmaq	[tak'si tut'mah]

tráfego (m)	küçə hərəkəti	[ky'tʃæ hærækæ'ti]
engarrafamento (m)	tıxac	[tɪ'χadʒʲ]
horas (f pl) de ponta	pik saatları	['pik saatla'rɪ]
estacionar (vi)	park olunmaq	['park olʲun'mah]
estacionar (vt)	park etmək	['park ɛt'mæk]
parque (m) de estacionamento	avtomobil dayanacağı	[avtomo'bil dajanadʒʲa'ɣɪ]

metro (m)	metro	[mɛt'ro]
estação (f)	stansiya	['stansija]
ir de metro	metro ilə getmək	[mɛt'ro i'læ gɛt'mæk]
comboio (m)	qatar	[ga'tar]
estação (f)	dəmiryol vağzalı	[dæ'mirjol vaɣza'lɪ]

57. Turismo

monumento (m)	abidə	[abi'dæ]
fortaleza (f)	qala	[ga'la]
palácio (m)	saray	[sa'raj]
castelo (m)	qəsr	['gæsr]
torre (f)	qüllə	[gyl'læ]
mausoléu (m)	məqbərə	[mægbæ'ræ]

arquitetura (f)	memarlıq	[mɛmar'lɪh]
medieval	orta əsrlərə aid	[or'ta æsrlæ'ræ a'id]
antigo	qədimi	[gædi'mi]
nacional	milli	[mil'li]
conhecido	məşhur	[mæʃ'hur]
turista (m)	turist	[tu'rist]
guia (pessoa)	bələdçi	[bælæd'tʃi]

excursão (f)	gəzinti	[gæzin'ti]
mostrar (vt)	göstərmək	[gøstær'mæk]
contar (vt)	söyləmək	[søjlæ'mæk]
encontrar (vt)	tapmaq	[tap'mah]
perder-se (vr)	itmək	[it'mæk]
mapa (~ do metrô)	sxem	['sχɛm]
mapa (~ da cidade)	plan	['plan]
lembrança (f), presente (m)	suvenir	[suvɛ'nir]
loja (f) de presentes	suvenir mağazası	[suvɛ'nir ma'ɣazası]
fotografar (vt)	fotoşəkil çəkmək	[fotoʃæ'kil tʃæk'mæk]
fotografar-se	fotoşəkil çəkdirmək	[fotoʃæ'kil tʃækdir'mæk]

58. Compras

comprar (vt)	almaq	[al'mah]
compra (f)	satın alınmış şey	[sa'tın alın'mıʃ 'ʃɛj]
fazer compras	alış-veriş etmək	[a'lıʃ vɛ'riʃ æt'mæk]
compras (f pl)	şoppinq	['ʃoppinh]
estar aberta (loja, etc.)	işləmək	[iʃlæ'mæk]
estar fechada	bağlanmaq	[baɣlan'mah]
calçado (m)	ayaqqabı	[ajakka'bı]
roupa (f)	geyim	[gɛ'jım]
cosméticos (m pl)	kosmetika	[kos'mɛtika]
alimentos (m pl)	ərzaq	[ær'zah]
presente (m)	hədiyyə	[hædi'æ]
vendedor (m)	satıcı	[satı'dʒı]
vendedora (f)	satıcı qadın	[satı'dʒı ga'dın]
caixa (f)	kassa	['kassa]
espelho (m)	güzgü	[gyz'gy]
balcão (m)	piştaxta	[piʃtaχ'ta]
cabine (f) de provas	paltarı ölçüb baxmaq üçün yer	[palta'rı øl'tʃup baχ'mah ju'tʃun 'ɛr]
provar (vt)	paltarı ölçüb baxmaq	[palta'rı øl'tʃup baχ'mah]
servir (vi)	münasib olmaq	[myna'sip ol'mah]
gostar (apreciar)	xoşuna gəlmək	[χoʃu'na gæl'mæk]
preço (m)	qiymət	[gij'mæt]
etiqueta (f) de preço	qiymət yazılan birka	[gij'mæt jazı'lan 'birka]
custar (vt)	qiyməti olmaq	[gijmæ'ti ol'mah]
Quanto?	Neçəyədir?	[nɛtʃæ'jædir]
desconto (m)	endirim	[ɛndi'rim]
não caro	baha olmayan	[ba'ha 'olmajan]
barato	ucuz	[u'dʒyz]
caro	bahalı	[baha'lı]
É caro	Bu, bahadır.	['bu ba'hadır]
aluguer (m)	kirayə	[kira'jæ]

alugar (vestidos, etc.)	kirayəyə götürmək	[kirajæ'jæ gøtyr'mæk]
crédito (m)	kredit	[krɛ'dit]
a crédito	kreditlə almaq	[krɛ'ditlæ al'mah]

59. Dinheiro

dinheiro (m)	pul	['pul]
câmbio (m)	mübadilə	[mybadi'læ]
taxa (f) de câmbio	kurs	['kurs]
Caixa Multibanco (m)	bankomat	[banko'mat]
moeda (f)	pul	['pul]

| dólar (m) | dollar | ['dollar] |
| euro (m) | yevro | ['ɛvro] |

lira (f)	lira	['lira]
marco (m)	marka	[mar'ka]
franco (m)	frank	['frank]
libra (f) esterlina	funt sterling	['funt 'stɛrlinh]
iene (m)	yena	['jɛna]

dívida (f)	borc	['bordʒʲ]
devedor (m)	borclu	[bordʒʲ'lʲu]
emprestar (vt)	borc vermək	['bordʒʲ vɛr'mæk]
pedir emprestado	borc almaq	['bordʒʲ al'mah]

banco (m)	bank	['bank]
conta (f)	hesab	[hɛ'sap]
depositar na conta	hesaba yatırmaq	[hɛsa'ba jatır'mah]
levantar (vt)	hesabdan pul götürmək	[hɛsab'dan 'pul gøtyr'mæk]

cartão (m) de crédito	kredit kartı	[krɛ'dit kar'tı]
dinheiro (m) vivo	nəqd pul	['nægd 'pul]
cheque (m)	çek	['tʃɛk]
passar um cheque	çek yazmaq	['tʃɛk jaz'mah]
livro (m) de cheques	çek kitabçası	['tʃɛk kitaptʃa'sı]

carteira (f)	cib kisəsi	['dʒʲip kisæ'si]
porta-moedas (m)	pul kisəsi	['pul kisæ'si]
cofre (m)	seyf	['sɛjf]

herdeiro (m)	vərəsə	[væræ'sæ]
herança (f)	miras	[mi'ras]
fortuna (riqueza)	var-dövlət	['var døv'læt]

arrendamento (m)	icarə	[idʒʲa'ræ]
renda (f) de casa	mənzil haqqı	[mæn'zil hak'kı]
alugar (vt)	kirayə etmək	[kira'jæ ɛt'mæk]

preço (m)	qiymət	[gij'mæt]
custo (m)	qiymət	[gij'mæt]
soma (f)	məbləğ	[mæb'læy]
gastar (vt)	sərf etmək	['særf ɛt'mæk]
gastos (m pl)	xərclər	[χærdʒʲ'lær]

56

| economizar (vi) | qənaət etmək | [gæna'æt ɛt'mæk] |
| economico | qənaətcil | [gænaæt'dʒʲil] |

pagar (vt)	pulunu ödəmək	[pulʲu'nu ødæ'mæk]
pagamento (m)	ödəniş	[ødæ'niʃ]
troco (m)	pulun artığı	[pu'lʲun artı'ɣı]

imposto (m)	vergi	[vɛr'gi]
multa (f)	cərimə	[dʒʲæri'mæ]
multar (vt)	cərimə etmək	[dʒʲæri'mæ ɛt'mæk]

60. Correios. Serviço postal

correios (m pl)	poçt binası	['potʃt bina'sı]
correio (m)	poçt	['potʃt]
carteiro (m)	poçtalyon	[potʃta'lʲon]
horário (m)	iş saatları	['iʃ saatla'rı]

carta (f)	məktub	[mæk'tup]
carta (f) registada	sifarişli məktub	[sifariʃ'li mæk'tup]
postal (m)	poçt kartoçkası	['potʃt kartotʃka'sı]
telegrama (m)	teleqram	[tɛlɛg'ram]
encomenda (f) postal	bağlama	[baɣla'ma]
remessa (f) de dinheiro	pul köçürməsi	['pul køtʃurmæ'si]

receber (vt)	almaq	[al'mah]
enviar (vt)	göndərmək	[gøndær'mæk]
envio (m)	göndərilmə	[gøndæril'mæ]

endereço (m)	ünvan	[yn'van]
código (m) postal	indeks	['indɛks]
remetente (m)	göndərən	[gøndæ'ræn]
destinatário (m)	alan	[a'lan]

| nome (m) | ad | ['ad] |
| apelido (m) | soyadı | ['sojadı] |

tarifa (f)	tarif	[ta'rif]
ordinário	adi	[a'di]
económico	qənaətə imkan verən	[gænaæ'tæ im'kan vɛ'ræn]

peso (m)	çəki	[tʃæ'ki]
pesar (estabelecer o peso)	çəkmək	[tʃæk'mæk]
envelope (m)	zərf	['zærf]
selo (m)	marka	[mar'ka]

Moradia. Casa. Lar

61. Casa. Eletricidade

eletricidade (f)	elektrik	[ɛlɛkt'rik]
lâmpada (f)	elektrik lampası	[ɛlɛkt'rik lampa'sı]
interruptor (m)	elektrik açarı	[ɛlɛkt'rik atʃa'rı]
fusível (m)	elektrik mantarı	[ɛlɛkt'rik manta'rı]
fio, cabo (m)	məftil	[mæf'til]
instalação (f) elétrica	şəbəkə	[ʃæbæ'kæ]
contador (m) de eletricidade	sayğac	[saj'ɣadʒʲ]
indicação (f), registo (m)	sayğac göstəricisi	[saj'ɣadʒʲ gøstɛridʒʲi'si]

62. Moradia. Mansão

casa (f) de campo	şəhər kənarında olan ev	[ʃæ'hær kænarın'da o'lan 'ɛv]
vila (f)	villa	['villa]
ala (~ do edifício)	cinah	[dʒʲi'nah]
jardim (m)	bağ	['baɣ]
parque (m)	park	['park]
estufa (f)	oranjereya	[oranʒɛ'rɛja]
cuidar de ...	baxmaq	[baχ'mah]
piscina (f)	hovuz	[ho'vuz]
ginásio (m)	idman zalı	[id'man za'lı]
campo (m) de ténis	tennis meydançası	['tɛnnis mɛjdantʃa'sı]
cinema (m)	kinoteatr	[kinotɛ'atr]
garagem (f)	qaraj	[ga'raʒ]
propriedade (f) privada	xüsusi mülkiyyət	[χysu'si mylki'æt]
terreno (m) privado	xüsusi malikanə	[χysu'si malika'næ]
advertência (f)	xəbərdarlıq	[χæbærdar'lıh]
sinal (m) de aviso	xəbərdarlıq yazısı	[χæbærdar'lıh jazı'sı]
guarda (f)	mühafizə	[myhafi'zæ]
guarda (m)	mühafizəçi	[myhafizæ'tʃi]
alarme (m)	siqnalizasiya	[signali'zasija]

63. Apartamento

apartamento (m)	mənzil	[mæn'zil]
quarto (m)	otaq	[o'tah]

T&P Books. Vocabulário Português-Azeri - 5000 palavras

quarto (m) de dormir	yataq otağı	[ja'tah ota'ɣɪ]
sala (f) de jantar	yemək otağı	[ɛ'mæk ota'ɣɪ]
sala (f) de estar	qonaq otağı	[go'nah ota'ɣɪ]
escritório (m)	iş otağı	['iʃ ota'ɣɪ]

antessala (f)	dəhliz	[dæh'liz]
quarto (m) de banho	vanna otağı	[van'na ota'ɣɪ]
toilette (lavabo)	tualet	[tua'lɛt]

teto (m)	tavan	[ta'van]
chão, soalho (m)	döşəmə	[døʃæ'mæ]
canto (m)	künc	['kyndʒʲ]

64. Mobiliário. Interior

mobiliário (m)	mebel	['mɛbɛl]
mesa (f)	masa	[ma'sa]
cadeira (f)	stul	['stul]
cama (f)	çarpayı	[ʧarpa'jɪ]
divã (m)	divan	[di'van]
cadeirão (m)	kreslo	['krɛslo]

estante (f)	kitab şkafı	[ki'tap ʃka'fɪ]
prateleira (f)	kitab rəfi	[ki'tap ræ'fi]

guarda-vestidos (m)	paltar üçün şkaf	[pal'tar ju'ʧun ʃ'kaf]
cabide (m) de parede	paltarasan	[paltara'san]
cabide (m) de pé	dik paltarasan	['dik paltara'san]

cómoda (f)	kamod	[ka'mod]
mesinha (f) de centro	jurnal masası	[ʒur'nal maşa'şɪ]

espelho (m)	güzgü	[gyz'gy]
tapete (m)	xalı	[χa'lɪ]
tapete (m) pequeno	xalça	[χal'ʧa]

lareira (f)	kamin	[ka'min]
vela (f)	şam	['ʃam]
castiçal (m)	şamdan	[ʃam'dan]

cortinas (f pl)	pərdə	[pær'dæ]
papel (m) de parede	divar kağızı	[di'var kʲaɣɪ'zɪ]
estores (f pl)	jalyuzi	[ʒalʲu'zi]

candeeiro (m) de mesa	stol lampası	['stol lamp'sɪ]
candeeiro (m) de parede	çıraq	[ʧɪ'rah]

candeeiro (m) de pé	torşer	[tor'ʃɛr]
lustre (m)	çilçıraq	[ʧilʧɪ'rah]

pé (de mesa, etc.)	ayaq	[a'jah]
braço (m)	qoltuqaltı	[goltuɣal'tɪ]
costas (f pl)	söykənəcək	['søjkænæ'dʒʲæk]
gaveta (f)	siyirtmə	[sijɪrt'mæ]

65. Quarto de dormir

roupa (f) de cama	yataq dəyişəyi	[ja'tah dæiʃæ'jı]
almofada (f)	yastıq	[jas'tıh]
fronha (f)	yastıqüzü	[jastıgy'zy]
cobertor (m)	yorğan	[jor'ɣan]
lençol (m)	məlefə	[mælæ'fæ]
colcha (f)	örtük	[ør'tyk]

66. Cozinha

cozinha (f)	mətbəx	[mæt'bæχ]
gás (m)	qaz	['gaz]
fogão (m) a gás	qaz plitəsi	['gaz plitæ'si]
fogão (m) elétrico	elektrik plitəsi	[ɛlɛkt'rik plitæ'si]
forno (m)	duxovka	[duχov'ka]
forno (m) de micro-ondas	mikrodalğalı soba	[mikrodalɣa'lı so'ba]
frigorífico (m)	soyuducu	[sojudu'ʤy]
congelador (m)	dondurucu kamera	[donduru'ʤy 'kamɛra]
máquina (f) de lavar louça	qabyuyan maşın	[gaby'jan ma'ʃın]
moedor (m) de carne	ət çəkən maşın	['æt tʃæ'kæn ma'ʃın]
espremedor (m)	şirəçəkən maşın	[ʃiræʧæ'kæn ma'ʃın]
torradeira (f)	toster	['tostɛr]
batedeira (f)	mikser	['miksɛr]
máquina (f) de café	qəhvə hazırlayan maşın	[gæh'væ hazırla'jan ma'ʃın]
cafeteira (f)	qəhvədan	[gæhvæ'dan]
moinho (m) de café	qəhvə üyüdən maşın	[gæh'væ yjy'dæn ma'ʃın]
chaleira (f)	çaydan	[ʧaj'dan]
bule (m)	dəm çaydanı	['dæm ʧajda'nı]
tampa (f)	qapaq	[ga'pah]
coador (m) de chá	kiçik ələk	[ki'ʧik æ'læk]
colher (f)	qaşıq	[ga'ʃıh]
colher (f) de chá	çay qaşığı	['ʧaj gaʃı'ɣı]
colher (f) de sopa	xörək qaşığı	[χø'ræk gaʃı'ɣı]
garfo (m)	çəngəl	[ʧæ'ngæl]
faca (f)	bıçaq	[bı'ʧah]
louça (f)	qab-qacaq	['gap ga'ʤˈah]
prato (m)	boşqab	[boʃ'gap]
pires (m)	nəlbəki	[nælbæ'ki]
cálice (m)	qədəh	[gæ'dæh]
copo (m)	stəkan	[stæ'kan]
chávena (f)	fincan	[fin'ʤˈan]
açucareiro (m)	qənd qabı	['gænd ga'bı]
saleiro (m)	duz qabı	['duz ga'bı]
pimenteiro (m)	istiot qabı	[isti'ot ga'bı]

manteigueira (f)	yağ qabı	['jaɣ ga'bı]
panela, caçarola (f)	qazan	[ga'zan]
frigideira (f)	tava	[ta'va]
concha (f)	çömçə	[tʃœm'tʃæ]
passador (m)	aşsüzən	[aʃsy'zæn]
bandeja (f)	məcməyi	[mædʒ'mæ'jı]

garrafa (f)	şüşə	[ʃy'ʃæ]
boião (m) de vidro	şüşə banka	[ʃy'ʃæ ban'ka]
lata (f)	banka	[ban'ka]

abre-garrafas (m)	açan	[a'tʃan]
abre-latas (m)	konserv ağzı açan	[kon'sɛrv a'ɣzı a'tʃan]
saca-rolhas (m)	burğu	[bur'ɣu]
filtro (m)	süzgəc	[syz'gædʒ']
filtrar (vt)	süzgəcdən keçirmək	[syzgædʒ'dæn kɛtʃir'mæk]

lixo (m)	zibil	[zi'bil]
balde (m) do lixo	zibil vedrəsi	[zi'bil vɛdræ'si]

67. Casa de banho

quarto (m) de banho	vanna otağı	[van'na ota'ɣı]
água (f)	su	['su]
torneira (f)	kran	['kran]
água (f) quente	isti su	[is'ti 'su]
água (f) fria	soyuq su	[so'juh 'su]

pasta (f) de dentes	diş məcunu	['diʃ mædʒy'nu]
escovar os dentes	dişləri fırçalamaq	[diʃlæ'ri fırtʃala'mah]

barbear-se (vr)	üzünü qırxmaq	[yzy'ny gırχ'mah]
espuma (f) de barbear	üz qırxmaq üçün köpük	['juz gırχ'mah ju'tʃun kø'pyk]
máquina (f) de barbear	ülgüc	[yli'gydʒ']

lavar (vt)	yumaq	[ju'mah]
lavar-se (vr)	yuyunmaq	[jujun'mah]
duche (m)	duş	['duʃ]
tomar um duche	duş qəbul etmək	['duʃ gæ'bul ɛt'mæk]

banheira (f)	vanna	[van'na]
sanita (f)	unitaz	[uni'taz]
lavatório (m)	su çanağı	['su tʃana'ɣı]

sabonete (m)	sabun	[sa'bun]
saboneteira (f)	sabun qabı	[sa'bun ga'bı]

esponja (f)	hamam süngəri	[ha'mam syngæ'ri]
champô (m)	şampun	[ʃam'pun]
toalha (f)	dəsmal	[dæs'mal]
roupão (m) de banho	hamam xələti	[ha'mam χælæ'ti]

lavagem (f)	paltarın yuyulması	[palta'rın yjulma'sı]
máquina (f) de lavar	paltaryuyan maşın	[paltary'jan ma'ʃın]

| lavar a roupa | paltar yumaq | [pal'tar ju'mah] |
| detergente (m) | yuyucu toz | [juju'dʒy 'toz] |

68. Eletrodomésticos

televisor (m)	televizor	[tɛlɛ'vizor]
gravador (m)	maqnitofon	[magnito'fon]
videogravador (m)	videomaqnitofon	[vidɛomagnito'fon]
rádio (m)	qəbuledici	[gæbulɛdi'dʒʲi]
leitor (m)	pleyer	['plɛjɛr]

projetor (m)	video proyektor	[vidɛo pro'ɛktor]
cinema (m) em casa	ev kinoteatrı	['æv kinotɛat'rı]
leitor (m) de DVD	DVD maqnitofonu	[divi'di magnitofo'nu]
amplificador (m)	səs güclendiricisi	['sæs gydʒʲlændiridʒʲi'si]
console (f) de jogos	oyun əlavəsi	[o'jun ælavæ'si]

câmara (f) de vídeo	videokamera	[vidɛo'kamɛra]
máquina (f) fotográfica	fotoaparat	[fotoapa'rat]
câmara (f) digital	rəqəm fotoaparatı	[ræ'gæm fotoapara'tı]

aspirador (m)	tozsoran	[tozso'ran]
ferro (m) de engomar	ütü	[y'ty]
tábua (f) de engomar	ütü taxtası	[y'ty taχta'sı]

telefone (m)	telefon	[tɛlɛ'fon]
telemóvel (m)	mobil telefon	[mo'bil tɛlɛ'fon]
máquina (f) de escrever	yazı maşını	[ja'zı maʃı'nı]
máquina (f) de costura	tikiş maşını	[ti'kiʃ maʃı'nı]

microfone (m)	mikrofon	[mikro'fon]
auscultadores (m pl)	qulaqlıqlar	[gulaglıg'lar]
controlo remoto (m)	pult	['pult]

CD (m)	SD diski	[si'di dis'ki]
cassete (f)	kasset	[kas'sɛt]
disco (m) de vinil	val	['val]

ATIVIDADES HUMANAS

Emprego. Negócios. Parte 1

69. Escritório. O trabalho no escritório

escritório (~ de advogados)	ofis	['ofis]
escritório (do diretor, etc.)	iş otağı	['iʃ ota'ɣı]
receção (f)	resepşn	[rɛ'sɛpʃn]
secretário (m)	katibə	[kʲati'bæ]
diretor (m)	direktor	[di'rɛktor]
gerente (m)	menecer	['mɛnɛʤʲɛr]
contabilista (m)	mühasib	[myha'sip]
empregado (m)	işçi	[iʃ'ʧi]
mobiliário (m)	mebel	['mɛbɛl]
mesa (f)	masa	[ma'sa]
cadeira (f)	kreslo	['krɛslo]
bloco (m) de gavetas	dolabça	[dolab'ʧa]
cabide (m) de pé	dik paltarasan	['dik paltara'san]
computador (m)	bilgisayar	[bilgisa'jar]
impressora (f)	printer	['printɛr]
fax (m)	faks	['faks]
fotocopiadora (f)	surətçıxaran aparat	[suræʧıχa'ran apa'rat]
papel (m)	kağız	[ka'ɣız]
artigos (m pl) de escritório	dəftərxana ləvazimatı	[dæftærχa'na lævazima'tı]
tapete (m) de rato	altlıq	[alt'lıh]
folha (f) de papel	vərəq	[væ'ræh]
pasta (f)	qovluq	[gov'lʲuh]
catálogo (m)	kataloq	[ka'taloh]
diretório (f) telefónico	məlumat kitabçası	[mælʲu'mat kitabʧa'sı]
documentação (f)	sənədlər	[sænæd'lær]
brochura (f)	broşür	[bro'ʃyr]
flyer (m)	vərəqə	[væræ'gæ]
amostra (f)	nümunə	[nymu'næ]
formação (f)	treninq	['trɛninh]
reunião (f)	müşavirə	[myʃavi'ræ]
hora (f) de almoço	nahar fasiləsi	[na'har fasilæ'si]
fazer uma cópia	surət çıxarmaq	[su'ræt ʧıχar'mah]
tirar cópias	çoxaltmaq	[ʧoχalt'mah]
receber um fax	faks almaq	['faks al'mah]
enviar um fax	faks göndərmək	['faks gøndær'mæk]
fazer uma chamada	zəng etmək	['zæng ɛt'mæk]

| responder (vt) | cavab vermək | [dʒ⁣ʲa'vap vɛr'mæk] |
| passar (vt) | bağlamaq | [baɣla'mah] |

marcar (vt)	təyin etmək	[tæ'jın ɛt'mæk]
demonstrar (vt)	nümayiş etdirmək	[nyma'iʃ ɛtdir'mæk]
estar ausente	olmamaq	['olmamah]
ausência (f)	gəlməmə	['gælmæmæ]

70. Processos negociais. Parte 1

ocupação (f)	məşğuliyyət	[mæʃɣuli'æt]
firma, empresa (f)	firma	['firma]
companhia (f)	şirkət	[ʃir'kæt]
corporação (f)	korporasiya	[korpo'rasija]
empresa (f)	müəssisə	[myæssi'sæ]
agência (f)	agentlik	[agɛnt'lik]

acordo (documento)	müqavilə	[mygavi'læ]
contrato (m)	kontrakt	[kon'trakt]
acordo (transação)	sövdə	[søv'dæ]
encomenda (f)	sifariş	[sifa'riʃ]
cláusulas (f pl), termos (m pl)	şərt	['ʃært]

por grosso (adv)	topdan	[top'dan]
por grosso (adj)	topdan satılan	[top'dan satı'lan]
venda (f) por grosso	topdan satış	[top'dan sa'tıʃ]
a retalho	pərakəndə	[pærakæn'dæ]
venda (f) a retalho	pərakəndə satış	[pærakæn'dæ sa'tıʃ]

concorrente (m)	rəqib	[ræ'gip]
concorrência (f)	rəqabət	[ræga'bæt]
competir (vi)	rəqabət aparmaq	[ræga'bæt apar'mah]

| sócio (m) | partnyor | [part'nʲor] |
| parceria (f) | partnyorluq | [partnʲor'lʲuh] |

crise (f)	böhran	[bøh'ran]
bancarrota (f)	müflislik	[myflis'lik]
entrar em falência	müflis olmaq	[myf'lis ol'mah]
dificuldade (f)	çətinlik	[tʃætin'lik]
problema (m)	problem	[prob'lɛm]
catástrofe (f)	fəlakət	[fæla'kæt]

economia (f)	iqtisadiyyat	[igtisadi'at]
económico	iqtisadi	[igtisa'di]
recessão (f) económica	iqtisadi zəifləmə	[igtisa'di zæiflæ'mæ]

| objetivo (m) | məqsəd | [mæg'sæd] |
| tarefa (f) | vəzifə | [væzi'fæ] |

comerciar (vi, vt)	alver etmək	[al'vɛr æt'mæk]
rede (de distribuição)	şəbəkə	[ʃæbæ'kæ]
estoque (m)	anbar	[an'bar]
sortimento (m)	çeşid	[tʃɛ'ʃid]

líder (m) | lider | ['lidɛr]
grande (~ empresa) | iri | [i'ri]
monopólio (m) | inhisar | [inhi'sar]

teoria (f) | nəzəriyyə | [næzæ'riæ]
prática (f) | praktika | ['praktika]
experiência (falar por ~) | təcrübə | [tædʒi'ry'bæ]
tendência (f) | təmayül | [tæma'jul]
desenvolvimento (m) | inkişaf | [inki'ʃaf]

71. Processos negociais. Parte 2

rentabilidade (f) | mənfəət | [mænfæ'æt]
rentável | mənfəətli | [mænfaæt'li]

delegação (f) | nümayəndəlik | [nymajændæ'lik]
salário, ordenado (m) | əmək haqqı | [æ'mæk hak'kı]
corrigir (um erro) | düzəltmək | [dyzælt'mæk]
viagem (f) de negócios | iş səyahəti | ['iʃ sæjahæ'ti]
comissão (f) | komissiya | [ko'missija]

controlar (vt) | nəzarət etmək | [næza'ræt ɛt'mæk]
conferência (f) | konfrans | [kon'frans]
licença (f) | lisenziya | [li'sɛnzija]
confiável | etibarlı | [ɛtibar'lı]

empreendimento (m) | təşəbbüs | [tæʃæb'bys]
norma (f) | norma | ['norma]
circunstância (f) | hal | ['hal]
dever (m) | vəzifə | [væzi'fæ]

empresa (f) | təşkilat | [tæʃki'lat]
organização (f) | təşkil etmə | [tæʃ'kil ɛt'mæ]
organizado | təşkil edilmiş | [tæʃ'kil ɛdil'miʃ]
anulação (f) | ləğv etmə | ['læɣv ɛt'mæ]
anular, cancelar (vt) | ləğv etmək | ['læɣv ɛt'mæk]
relatório (m) | hesabat | [hɛsa'bat]

patente (f) | patent | [pa'tɛnt]
patentear (vt) | patent vermək | [pa'tɛnt vɛr'mæk]
planear (vt) | planlaşdırmaq | [planlaʃdır'mah]

prémio (m) | mükafat | [myka'fat]
profissional | peşəkar | [pɛʃæ'kar]
procedimento (m) | prosedur | [prosɛ'dur]

examinar (a questão) | baxmaq | [bax'mah]
cálculo (m) | hesablaşma | [hɛsablaʃ'ma]
reputação (f) | ad | ['ad]
risco (m) | risk | ['risk]

dirigir (~ uma empresa) | idarə etmək | [ida'ræ ɛt'mæk]
informação (f) | məlumat | [mælʲu'mat]
propriedade (f) | mülkiyyət | [mylki'æt]

união (f)	ittifaq	[itti'fah]
seguro (m) de vida	həyatın sığortalanması	[hæja'tın sıɣortalanma'sı]
fazer um seguro	sığortalamaq	[sıɣortala'mah]
seguro (m)	sığorta müqaviləsi	[sıɣor'ta mygavilæ'si]

leilão (m)	hərrac	[hær'radʒi]
notificar (vt)	bildirmək	[bildir'mæk]
gestão (f)	idarə etmə	[ida'ræ ɛt'mæ]
serviço (indústria de ~s)	xidmət	[χid'mæt]

fórum (m)	forum	['forum]
funcionar (vi)	işləmək	[iʃlæ'mæk]
estágio (m)	mərhələ	[mærhæ'læ]
jurídico	hüquqi	[hygu'gi]
jurista (m)	hüquqşünas	[hygukʃy'nas]

72. Produção. Trabalhos

usina (f)	zavod	[za'vod]
fábrica (f)	fabrik	['fabrik]
oficina (f)	sex	['sɛχ]
local (m) de produção	istehsalat	[istɛhsa'lat]

indústria (f)	sənaye	[sæna'jɛ]
industrial	sənaye	[sæna'jɛ]
indústria (f) pesada	ağır sənaye	[a'ɣır sæna'jɛ]
indústria (f) ligeira	yüngül sənaye	[jyn'gyl sæna'jɛ]

produção (f)	məhsul	[mæh'sul]
produzir (vt)	istehsal etmək	[istɛh'sal æt'mæk]
matérias-primas (f pl)	xammal	['χammal]

chefe (m) de brigada	briqadir	[briga'dir]
brigada (f)	briqada	[bri'gada]
operário (m)	fəhlə	[fæh'læ]

dia (m) de trabalho	iş günü	['iʃ gy'ny]
pausa (f)	fasilə	[fasi'læ]
reunião (f)	iclas	[idʒ"las]
discutir (vt)	müzakirə etmək	[myzaki'ræ ɛt'mæk]

plano (m)	plan	['plan]
cumprir o plano	planı yerinə yetirmək	[pla'nı ɛri'næ ɛtir'mæk]
taxa (f) de produção	norma	['norma]
qualidade (f)	keyfiyyət	[kɛjfi'æt]
controlo (m)	yoxlama	[joχla'ma]
controlo (m) da qualidade	keyfiyyətə nəzarət etmək	[kɛjfiæ'tæ næza'ræt æt'mæk]

segurança (f) no trabalho	əmək təhlükəsizliyi	[æ'mæk tæhlykæsizli'jı]
disciplina (f)	nizam-intizam	[ni'zam inti'zam]
infração (f)	pozma	[poz'ma]
violar (as regras)	pozmaq	[poz'mah]
greve (f)	tətil	[tæ'til]
grevista (m)	tətilçi	[tætil'tʃi]

T&P Books. Vocabulário Português-Azeri - 5000 palavras

estar em greve	tətil etmək	[tæ'til ɛt'mæk]
sindicato (m)	həmkarlar ittifaqı	[hæmkar'lar ittifa'gı]
inventar (vt)	ixtira etmək	[iχti'ra ɛt'mæk]
invenção (f)	ixtira	[iχti'ra]
pesquisa (f)	araşdırma	[araʃdır'ma]
melhorar (vt)	yaxşılaşdırmaq	[jaχʃılaʃdır'mah]
tecnologia (f)	texnoloqiya	[tɛχno'logija]
desenho (m) técnico	cizgi	[ʤʲiz'gi]
carga (f)	yük	['jyk]
carregador (m)	malyükləyən	[malʲyklæ'jæn]
carregar (vt)	yükləmək	[jyklæ'mæk]
carregamento (m)	yükləmə	[jyklæ'mæ]
descarregar (vt)	yük boşaltmaq	['juk boʃalt'mah]
descarga (f)	yük boşaltma	['juk boʃalt'ma]
transporte (m)	nəqliyyat	[nægli'at]
companhia (f) de transporte	nəqliyyat şirkəti	[nægli'at ʃirkæ'ti]
transportar (vt)	nəql etmək	['nægl ɛt'mæk]
vagão (m) de carga	vaqon	[va'gon]
cisterna (f)	sistern	[sis'tɛrn]
camião (m)	yük maşını	['juk maʃı'nı]
máquina-ferramenta (f)	dəzgah	[dæz'gʲah]
mecanismo (m)	mexanizm	[mɛχa'nizm]
resíduos (m pl) industriais	tullantılar	[tullantı'lar]
embalagem (f)	qablaşdırma	[gablaʃdır'ma]
embalar (vt)	qablaşdırmaq	[gablaʃdır'mah]

73. Contrato. Acordo

contrato (m)	kontrakt	[kon'trakt]
acordo (m)	saziş	[sa'ziʃ]
adenda (f), anexo (m)	əlavə	[æla'væ]
assinar o contrato	kontrakt bağlamaq	[kon'trakt bayla'mah]
assinatura (f)	imza	[im'za]
assinar (vt)	imzalamaq	[imzala'mah]
carimbo (m)	möhür	[mø'hyr]
objeto (m) do contrato	müqavilənin predmeti	[mygavilæ'nin prɛdmɛ'ti]
cláusula (f)	bənd	['bænd]
partes (f pl)	tərəflər	[tæræf'lær]
morada (f) jurídica	hüquqi ünvan	[hygu'gi jun'van]
violar o contrato	kontraktı pozmaq	[kontrak'tı poz'mah]
obrigação (f)	vəzifə	[væzi'fæ]
responsabilidade (f)	məsuliyyət	[mæsuli'æt]
força (f) maior	fors-major	['fors ma'ʒor]
litígio (m), disputa (f)	mübahisə	[mybahi'sæ]
multas (f pl)	cərimə sanksiyaları	[ʤʲæri'mæ sanksijala'rı]

74. Importação & Exportação

importação (f)	idxal	[id'χal]
importador (m)	idxalatçı	[idχala'tʃɪ]
importar (vt)	idxal etmək	[id'χal ɛt'mæk]
de importação	idxal edilmiş mallar	[id'χal ɛdil'miʃ mal'lar]
exportador (m)	ixracatçı	[iχradʒʲa'tʃɪ]
exportar (vt)	ixrac etmək	[iχ'radʒʲ ɛt'mæk]
mercadoria (f)	mal	['mal]
lote (de mercadorias)	partiya	['partija]
peso (m)	çəki	[tʃæ'ki]
volume (m)	həcm	['hædʒʲm]
metro (m) cúbico	kub metr	['kup 'mɛtr]
produtor (m)	istehsalçı	[istɛhsal'tʃɪ]
companhia (f) de transporte	nəqliyyat şirkəti	[nægli'at ʃirkæ'ti]
contentor (m)	konteyner	[kon'tɛjnɛr]
fronteira (f)	sərhəd	[sær'hæd]
alfândega (f)	gömrük	[gøm'ryk]
taxa (f) alfandegária	gömrük rüsumu	[gøm'ryk rysu'mu]
funcionário (m) da alfândega	gömrük işçisi	[gøm'ryk iʃtʃi'si]
contrabando (atividade)	qaçaqçılıq	[gatʃagtʃɪ'lɪh]
contrabando (produtos)	qaçaq mal	[ga'tʃah 'mal]

75. Finanças

ação (f)	səhm	['sæhm]
obrigação (f)	istiqraz	[istig'raz]
nota (f) promissória	veksel	['vɛksɛl]
bolsa (f)	birja	['birʒa]
cotação (m) das ações	səhm kursu	['sæhm kur'su]
tornar-se mais barato	ucuzlaşmaq	[udʒyzlaʃ'mah]
tornar-se mais caro	bahalanmaq	[bahalan'mah]
participação (f) maioritária	kontrol paketi	[kon'trol pakɛ'ti]
investimento (m)	investisiyalar	[invɛs'tisijalar]
investir (vt)	investisiya qoymaq	[invɛs'tisija goj'mah]
percentagem (f)	faiz	[fa'iz]
juros (m pl)	faiz	[fa'iz]
lucro (m)	gəlir	[gæ'lir]
lucrativo	gəlirli	[gælir'li]
imposto (m)	vergi	[vɛr'gi]
divisa (f)	valyuta	[va'lʲuta]
nacional	milli	[mil'li]
câmbio (m)	mübadilə	[mybadi'læ]

| contabilista (m) | mühasib | [myha'sip] |
| contabilidade (f) | mühasibat | [myhasi'bat] |

bancarrota (f)	müflislik	[myflis'lik]
falência (f)	iflas	[if'las]
ruína (f)	var-yoxdan çıxma	['var jox'dan tʃıx'ma]
arruinar-se (vr)	var-yoxdan çıxmaq	['var jox'dan tʃıx'mah]
inflação (f)	inflyasiya	[in'flʲasija]
desvalorização (f)	devalvasiya	[dɛvalʲ'vasija]

capital (m)	kapital	[kapi'tal]
rendimento (m)	gelir	[gæ'lir]
volume (m) de negócios	tedavül	[tæda'vyl]
recursos (m pl)	ehtiyat	[ɛhti'jat]
recursos (m pl) financeiros	pul vesaiti	['pul væsai'ti]
reduzir (vt)	ixtisara salmaq	[ixtisa'ra sal'mah]

76. Marketing

marketing (m)	marketinq	[mar'kɛtinh]
mercado (m)	bazar	[ba'zar]
segmento (m) do mercado	bazarın segmenti	[baza'rın sɛgmɛn'ti]
produto (m)	mehsul	[mæh'sul]
mercadoria (f)	mal	['mal]

marca (f) comercial	ticaret markası	[tidʒʲa'ræt marka'sı]
logotipo (m)	firma nişanı	['firma niʃa'nı]
logo (m)	loqotip	[logo'tip]

demanda (f)	teleb	[tæ'læp]
oferta (f)	teklif	[tæk'lif]
necessidade (f)	telebat	[tælæ'bat]
consumidor (m)	istehlakçı	[istɛhlak'tʃı]

análise (f)	tehlil	[tæh'lil]
analisar (vt)	tehlil etmek	[tæh'lil ɛt'mæk]
posicionamento (m)	mövqenin teyin edilmesi	[møvgɛ'nin tæ'jın ædilmæ'si]
posicionar (vt)	mövqeni teyin etmek	[møvgɛ'ni tæ'jın æt'mæk]

preço (m)	qiymet	[gij'mæt]
política (f) de preços	qiymet siyaseti	[gij'mæt sijasæ'ti]
formação (f) de preços	qiymet qoyulma	[gij'mæt gojul'ma]

77. Publicidade

publicidade (f)	reklam	[rɛk'lam]
publicitar (vt)	reklam etmek	[rɛk'lam æt'mæk]
orçamento (m)	büdce	[byd'dʒʲæ]

anúncio (m) publicitário	reklam	[rɛk'lam]
publicidade (f) televisiva	televiziya reklamı	[tɛlɛ'vizija rɛkla'mı]
publicidade (f) na rádio	radio reklamı	['radio rɛkla'mı]

publicidade (f) exterior	küçə-çöl reklamı	[ky'ʧæ ʧœl rɛkla'mı]
comunicação (f) de massa	kütləvi informasiya vasitələri	[kytlæ'vi infor'masija vasitælæ'ri]
periódico (m)	vaxtaşırı nəşriyyat	[vaχtaʃı'rı næʃri'at]
imagem (f)	imic	['imidʒ]

| slogan (m) | şüar | [ʃy'ar] |
| mote (m), divisa (f) | şüar | [ʃy'ar] |

campanha (f)	kampaniya	[kam'panija]
companha (f) publicitária	reklam kampaniyası	[rɛk'lam kam'panijası]
grupo (m) alvo	məqsədli auditoriya	[mægsæd'li audi'torija]

cartão (m) de visita	vizit kartı	[vi'zit kar'tı]
flyer (m)	vərəqə	[væræ'gæ]
brochura (f)	broşür	[bro'ʃyr]
folheto (m)	buklet	[buk'lɛt]
boletim (~ informativo)	bülleten	[byllɛ'tɛn]

letreiro (m)	lövhə	[løv'hæ]
cartaz, póster (m)	plakat	[pla'kat]
painel (m) publicitário	lövhə	[løv'hæ]

78. Banca

| banco (m) | bank | ['bank] |
| sucursal, balcão (f) | şöbə | [ʃo'bæ] |

| consultor (m) | məsləhətçi | [mæslæhæ'ʧi] |
| gerente (m) | idarə başçısı | [ida'ræ baʃʧı'sı] |

conta (f)	hesab	[hɛ'sap]
número (m) da conta	hesab nömrəsi	[hɛ'sap nømræ'si]
conta (f) corrente	cari hesab	[dʒ‌a'ri hɛ'sap]
conta (f) poupança	yığılma hesabı	[jıɣıl'ma hɛsa'bı]

abrir uma conta	hesab açmaq	[hɛ'sap aʧ'mah]
fechar uma conta	bağlamaq	[baɣla'mah]
depositar na conta	hesaba yatırmaq	[hɛsa'ba jatır'mah]
levantar (vt)	hesabdan pul götürmək	[hɛsab'dan 'pul gøtyr'mæk]

depósito (m)	əmanət	[æma'næt]
fazer um depósito	əmanət qoymaq	[æma'næt goj'mah]
transferência (f) bancária	köçürmə	[køʧur'mæ]
transferir (vt)	köçürmə etmək	[køʧur'mæ ɛt'mæk]

| soma (f) | məbləğ | [mæb'læɣ] |
| Quanto? | Nə qədər? | ['næ gæ'dær] |

| assinatura (f) | imza | [im'za] |
| assinar (vt) | imzalamaq | [imzala'mah] |

| cartão (m) de crédito | kredit kartı | [krɛ'dit kar'tı] |
| código (m) | kod | ['kod] |

número (m) do cartão de crédito	kredit kartının nömrəsi	[krɛ'dit kartı'nın nømræ'si]
Caixa Multibanco (m)	bankomat	[banko'mat]
cheque (m)	çek	['tʃɛk]
passar um cheque	çek yazmaq	['tʃɛk jaz'mah]
livro (m) de cheques	çek kitabçası	['tʃɛk kitaptʃa'sı]
empréstimo (m)	kredit	[krɛ'dit]
pedir um empréstimo	kredit üçün müraciət etmək	[krɛ'dit ju'tʃun myradʒʲi'æt æt'mæk]
obter um empréstimo	kredit götürmək	[krɛ'dit gøtyr'mæk]
conceder um empréstimo	kredit vermək	[krɛ'dit vɛr'mæk]
garantia (f)	qarantiya	[ga'rantija]

79. Telefone. Conversação telefónica

telefone (m)	telefon	[tɛlɛ'fon]
telemóvel (m)	mobil telefon	[mo'bil tɛlɛ'fon]
secretária (f) electrónica	avtomatik cavab verən	[avtoma'tik dʒʲa'vap vɛ'ræn]
fazer uma chamada	zəng etmək	['zæng ɛt'mæk]
chamada (f)	zəng	['zænh]
marcar um número	nömrəni yığmaq	[nømræ'ni jı'ɣmah]
Alô!	allo!	[al'lo]
perguntar (vt)	soruşmaq	[soruʃ'mah]
responder (vt)	cavab vermək	[dʒʲa'vap vɛr'mæk]
ouvir (vt)	eşitmək	[ɛʃit'mæk]
bem	yaxşı	[jaχ'ʃı]
mal	pıs	['pıs]
ruído (m)	manəələr	[manɛæ'lær]
auscultador (m)	dəstək	[dæs'tæk]
pegar o telefone	dəstəyi götürmək	[dæstæ'jı gøtyr'mæk]
desligar (vi)	dəstəyi qoymaq	[dæstæ'jı goj'mah]
ocupado	məşğul	[mæʃ'ɣul]
tocar (vi)	zəng etmək	['zæng ɛt'mæk]
lista (f) telefónica	telefon kitabçası	[tɛlɛ'fon kitabtʃa'sı]
local	yerli	[ɛr'li]
de longa distância	şəhərlərarası	[ʃæhærlærara'sı]
internacional	beynəlxalq	[bɛjnæl'χalh]

80. Telefone móvel

telemóvel (m)	mobil telefon	[mo'bil tɛlɛ'fon]
ecrã (m)	displey	[disp'lɛj]
botão (m)	düymə	[dyj'mæ]
cartão SIM (m)	SİM kart	['sim 'kart]

bateria (f)	batareya	[bata'rɛja]
descarregar-se	boşalmaq	[boʃal'mah]
carregador (m)	elektrik doldurucu cihaz	[ɛlɛkt'rik dolduru'dʒy dʒʲi'haz]
menu (m)	menyu	[mɛ'nju]
definições (f pl)	sazlamalar	[sazlama'lar]
melodia (f)	melodiya	[mɛ'lodija]
escolher (vt)	seçmək	[sɛtʃ'mæk]
calculadora (f)	kalkulyator	[kalʲku'lʲator]
correio (m) de voz	avtomatik cavab verən	[avtoma'tik dʒʲa'vap vɛ'ræn]
despertador (m)	zəngli saat	[zæng'li sa'at]
contatos (m pl)	telefon kitabçası	[tɛlɛ'fon kitabtʃa'sı]
mensagem (f) de texto	SMS-xəbər	[ɛsɛ'mɛs χæ'bær]
assinante (m)	abunəçi	[abunæ'tʃi]

81. Estacionário

caneta (f)	diyircəkli avtoqələm	[dijırdʒʲæk'li avtogæ'læm]
caneta (f) tinteiro	ucluğu olan qələm	[udʒylʲu'ɣu o'lan gæ'læm]
lápis (m)	karandaş	[karan'daʃ]
marcador (m)	markyor	[mar'kʲor]
caneta (f) de feltro	flomaster	[flo'mastɛr]
bloco (m) de notas	bloknot	[blok'not]
agenda (f)	gündəlik	[gyndæ'lik]
régua (f)	xətkeş	[χæt'kɛʃ]
calculadora (f)	kalkulyator	[kalʲku'lʲator]
borracha (f)	pozan	[po'zan]
pionés (m)	basmadüymə	[basmadyj'mæ]
clipe (m)	qısqac	[gıs'gadʒʲ]
cola (f)	yapışqan	[japıʃ'gan]
agrafador (m)	stepler	['stɛplɛr]
furador (m)	deşikaçan	[dɛʃika'tʃan]
afia-lápis (m)	qələm yonan	[gæ'læm jo'nan]

82. Tipos de negócios

serviços (m pl) de contabilidade	mühasibat xidmətləri	[myhasi'bat χidmætlæ'ri]
publicidade (f)	reklam	[rɛk'lam]
agência (f) de publicidade	reklam agentliyi	[rɛk'lam agɛntli'jı]
ar (m) condicionado	kondisionerlər	[kondisionɛr'lær]
companhia (f) aérea	hava yolu şirkəti	[ha'va jo'lʲu ʃirkæ'ti]
bebidas (f pl) alcoólicas	spirtli içkilər	[spirt'li itʃki'lær]
comércio (m) de antiguidades	qədimi əşyalar	[gædi'mi æʃja'lar]
galeria (f) de arte	qalereya	[galɛ'rɛja]

serviços (m pl) de auditoria	auditor xidmətləri	[au'ditor χidmætlæ'ri]
negócios (m pl) bancários	bank biznesi	['bank 'biznɛsi]
bar (m)	bar	['bar]
salão (m) de beleza	gözəllik salonu	[gøzæl'lik salo'nu]
livraria (f)	kitab mağazası	[ki'tap ma'ɣazası]
cervejaria (f)	pivə zavodu	[pi'væ zavo'du]
centro (m) de escritórios	biznes mərkəzi	['biznɛs mærkæ'zi]
escola (f) de negócios	biznes məktəbi	['biznɛs mæktæ'bi]

casino (m)	kazino	[kazi'no]
construção (f)	inşaat	[inʃa'at]
serviços (m pl) de consultoria	konsaltinq	[kon'saltinh]

estomatologia (f)	stomatologiya	[stomato'logija]
design (m)	dizayn	[di'zajn]
farmácia (f)	aptek	[ap'tɛk]
lavandaria (f)	kimyavi təmizləmə	[kimjæ'vi tæmizlæ'mæ]
agência (f) de emprego	kadrlar agentliyi	['kadrlar agɛntli'jı]

serviços (m pl) financeiros	maliyyə xidmətləri	[mali'æ χidmætlæ'ri]
alimentos (m pl)	ərzaq məhsulları	[ær'zah mæhsulla'rı]
agência (f) funerária	dəfn etmə bürosu	['dæfn ɛt'mæ byro'su]
mobiliário (m)	mebel	['mɛbɛl]
roupa (f)	geyim	[gɛ'jım]
hotel (m)	mehmanxana	[mɛhmanχa'na]

gelado (m)	dondurma	[dondur'ma]
indústria (f)	sənaye	[sæna'jɛ]
seguro (m)	sığorta	[sıɣor'ta]
internet (f)	internet	[intɛr'nɛt]
investimento (m)	investisiyalar	[invɛs'tisijalar]

joalheiro (m)	zərgər	[zær'gær]
joias (f pl)	zərgərlik məmulatı	[zærgær'lik mæmula'tı]
lavandaria (f)	camaşırxana	[dʒ'amaʃırχa'na]
serviços (m pl) jurídicos	hüquqi xidmətlər	[hygu'gi χidmæt'lær]
indústria (f) ligeira	yüngül sənaye	[jyn'gyl sæna'jɛ]

revista (f)	jurnal	[ʒur'nal]
vendas (f pl) por catálogo	kataloq üzrə ticarət	[ka'taloh juz'ræ tidʒ'a'ræt]
medicina (f)	təbabət	[tæba'bæt]
cinema (m)	kinoteatr	[kinotɛ'atr]
museu (m)	muzey	[mu'zɛj]

agência (f) de notícias	məlumat agentliyi	[mælʲu'mat agɛntli'jı]
jornal (m)	qəzet	[gæ'zɛt]
clube (m) noturno	gecə klubu	[gɛ'dʒʲæ klʲu'bu]

petróleo (m)	neft	['nɛft]
serviço (m) de encomendas	kuryer xidməti	[ku'rjɛr χidmætlæ'ri]
indústria (f) farmacêutica	əczaçılıq	[ædʒʲzatʃʲı'lıh]
poligrafia (f)	mətbəə işləri	[mætbæ'æ iʃlæ'ri]
editora (f)	nəşriyyat	[næʃri'at]

| rádio (m) | radio | ['radio] |
| imobiliário (m) | mülk | ['mylʲk] |

restaurante (m)	restoran	[rɛsto'ran]
empresa (f) de segurança	mühafizə agentliyi	[myhafi'zæ agɛntli'jı]
desporto (m)	idman	[id'man]
bolsa (f)	birja	['birʒa]
loja (f)	mağaza	[ma'ɣaza]
supermercado (m)	supermarket	[supɛr'markɛt]
piscina (f)	hovuz	[ho'vuz]
alfaiataria (f)	atelye	[atɛ'ljɛ]
televisão (f)	televiziya	[tɛlɛ'vizija]
teatro (m)	teatr	[tɛ'atr]
comércio (atividade)	ticarət	[tidʒʲa'ræt]
serviços (m pl) de transporte	daşımalar	[daʃıma'lar]
viagens (f pl)	turizm	[tu'rizm]
veterinário (m)	baytar	[baj'tar]
armazém (m)	anbar	[an'bar]
recolha (f) do lixo	zibilin daşınması	[zibi'lin daʃınma'sı]

Emprego. Negócios. Parte 2

83. Espetáculo. Feira

feira (f)	sərgi	[sær'gi]
feira (f) comercial	ticarət sərgisi	[tidʒ'a'ræt særgi'si]
participação (f)	iştirak	[iʃti'rak]
participar (vi)	iştirak etmək	[iʃti'rak ɛt'mæk]
participante (m)	iştirakçı	[iʃtirak'tʃı]
diretor (m)	direktor	[di'rɛktor]
direção (f)	müdiriyyət, təşkilat komitəsi	[mydiri'æt], [tæʃki'lat komitæ'si]
organizador (m)	təşkilatçı	[tæʃkila'tʃı]
organizar (vt)	təşkil etmək	[tæʃ'kil ɛt'mæk]
ficha (f) de inscrição	iştirak etmək istəyi	[iʃti'rak ɛt'mæk istæ'jı]
preencher (vt)	doldurmaq	[doldur'mah]
detalhes (m pl)	təfərrüatlar	[tæfærryat'lar]
informação (f)	məlumat	[mælʲu'mat]
preço (m)	qiymət	[gij'mæt]
incluindo	daxil olmaqla	[da'χil ol'magla]
incluir (vt)	daxil olmaq	[da'χil ol'mah]
pagar (vt)	pulunu ödəmək	[pulʲu'nu ødæ'mæk]
taxa (f) de inscrição	qeydiyyat haqqı	[gɛjdi'at hak'kı]
entrada (f)	giriş	[gi'riʃ]
pavilhão (m)	pavilyon	[pavi'ljon]
inscrever (vt)	qeyd etmək	['gɛjd æt'mæk]
crachá (m)	bec	['bɛdʒʲ]
stand (m)	sərgi	[sær'gi]
reservar (vt)	sifariş etmək	[sifa'riʃ ɛt'mæk]
vitrina (f)	vitrin	[vit'rin]
foco, spot (m)	çıraq	[tʃı'rah]
design (m)	dizayn	[di'zajn]
pôr, colocar (vt)	yerləşdirmək	[ɛrlæʃdir'mæk]
distribuidor (m)	distribütor	[distri'bytor]
fornecedor (m)	tədarükçü	[tædaryk'tʃu]
país (m)	ölkə	[øl'kæ]
estrangeiro	xarici	[χari'dʒʲi]
produto (m)	məhsul	[mæh'sul]
associação (f)	birlik	[bir'lik]
sala (f) de conferências	konfrans zalı	[kon'frans za'lı]

| congresso (m) | konqress | [kon'grɛss] |
| concurso (m) | müsabiqə | [mysabi'gæ] |

visitante (m)	ziyarətçi	[zijaræ'ʧi]
visitar (vt)	ziyarət etmək	[zija'ræt ɛt'mæk]
cliente (m)	sifarişçi	[sifariʃ'ʧi]

84. Ciência. Investigação. Cientistas

ciência (f)	elm	['ɛlm]
científico	elmi	[ɛl'mi]
cientista (m)	alim	[a'lim]
teoria (f)	nəzəriyyə	[næzæ'riæ]

axioma (m)	aksioma	[aksi'oma]
análise (f)	təhlil	[tæh'lil]
analisar (vt)	təhlil etmək	[tæh'lil ɛt'mæk]
argumento (m)	dəlil	[dæ'lil]
substância (f)	maddə	[mad'dæ]

hipótese (f)	fərziyyə	[færzi'æ]
dilema (m)	dilemma	[di'lɛmma]
tese (f)	dissertasiya	[dissɛr'tasija]
dogma (m)	doqma	['dogma]

doutrina (f)	doktrina	[dokt'rina]
pesquisa (f)	araşdırma	[araʃdɯr'ma]
pesquisar (vt)	araşdırmaq	[araʃdɯr'mah]
teste (m)	yoxlama	[joχla'ma]
laboratório (m)	laboratoriya	[labora'torija]

método (m)	metod	['mɛtod]
molécula (f)	molekula	[mo'lɛkula]
monitoramento (m)	monitoring	[moni'torinh]
descoberta (f)	kəşf	['kæʃf]

postulado (m)	postulat	[postu'lat]
princípio (m)	prinsip	['prinsip]
prognóstico (previsão)	proqnoz	[prog'noz]
prognosticar (vt)	proqnozlaşdırmaq	[prognozlaʃdɯr'mah]

síntese (f)	sintez	['sintɛz]
tendência (f)	təmayül	[tæma'jul]
teorema (m)	teorema	[tɛo'rɛma]

ensinamentos (m pl)	nəzəriyyə	[næzæ'riæ]
facto (m)	fakt	['fakt]
expedição (f)	ekspedisiya	[ɛkspɛ'disija]
experiência (f)	eksperiment	[ɛkspɛri'mɛnt]

académico (m)	akademik	[aka'dɛmik]
bacharel (m)	bakalavr	[baka'lavr]
doutor (m)	doktor	['doktor]
docente (m)	dosent	[do'sɛnt]

| mestre (m) | magistr | [ma'gistr] |
| professor (m) catedrático | professor | [pro'fɛssor] |

Profissões e ocupações

85. Procura de emprego. Demissão

trabalho (m)	iş	['iʃ]
equipa (f)	ştat	['ʃtat]
carreira (f)	karyera	[kar'jɛra]
perspetivas (f pl)	perspektiv	[pɛrspɛk'tiv]
mestria (f)	ustalıq	[usta'lıh]
seleção (f)	seçmə	[sɛtʃ'mæ]
agência (f) de emprego	kadrlar agentliyi	['kadrlar agɛntli'jı]
CV, currículo (m)	CV	[si'vi]
entrevista (f) de emprego	müsahibə	[mysahi'bæ]
vaga (f)	vakansiya	[va'kansija]
salário (m)	əmək haqqı	[æ'mæk hak'kı]
salário (m) fixo	maaş	[ma'aʃ]
pagamento (m)	haqq	['hagh]
posto (m)	vəzifə	[væzi'fæ]
dever (do empregado)	vəzifə	[væzi'fæ]
gama (f) de deveres	dairə	[dai'ræ]
ocupado	məşğul	[mæʃ'ɣul]
despedir, demitir (vt)	azad etmək	[a'zad ɛt'mæk]
demissão (f)	azad edilmə	[a'zad ɛdil'mæ]
desemprego (m)	işsizlik	[iʃsiz'lik]
desempregado (m)	işsiz	[iʃ'siz]
reforma (f)	təqaüd	[tæga'jud]
reformar-se	təqaüdə çıxmaq	[tægay'dæ tʃıx'mah]

86. Gente de negócios

diretor (m)	direktor	[di'rɛktor]
gerente (m)	idarə başçısı	[ida'ræ baʃtʃı'sı]
patrão, chefe (m)	rəhbər	[ræh'bær]
superior (m)	müdir	[my'dir]
superiores (m pl)	rəhbərlik	[ræhbær'lik]
presidente (m)	prezident	[prɛzi'dɛnt]
presidente (m) de direção	sədr	['sædr]
substituto (m)	müavin	[mya'vin]
assistente (m)	köməkçi	[kømæk'tʃi]
secretário (m)	katibə	[kati'bæ]

secretário (m) pessoal	şəxsi katib	[ʃæχ'si ka'tip]
homem (m) de negócios	biznesmen	['biznɛsmɛn]
empresário (m)	sahibkar	[sahib'kʲar]
fundador (m)	təsisçi	[tæsis'tʃi]
fundar (vt)	təsis etmək	[tæ'sis ɛt'mæk]
fundador, sócio (m)	təsisçi	[tæsis'tʃi]
parceiro, sócio (m)	partnyor	[part'nʲor]
acionista (m)	səhmdar	[sæhm'dar]
milionário (m)	milyoner	[miljo'nɛr]
bilionário (m)	milyarder	[miljar'dɛr]
proprietário (m)	sahib	[sa'hip]
proprietário (m) de terras	torpaq sahibi	[tor'pah sahi'bi]
cliente (m)	müştəri	[myʃtæ'ri]
cliente (m) habitual	daimi müştəri	[dai'mi myʃtæ'ri]
comprador (m)	alıcı	[alı'dʒʲı]
visitante (m)	ziyarətçi	[zijaræ'tʃi]
profissional (m)	peşəkar	[pɛʃæ'kar]
perito (m)	ekspert	[ɛks'pɛrt]
especialista (m)	mütəxəssis	[mytæχæs'sis]
banqueiro (m)	bank sahibi	['bank sahi'bi]
corretor (m)	broker	['brokɛr]
caixa (m, f)	kassir	[kas'sir]
contabilista (m)	mühasib	[myha'sip]
guarda (m)	mühafizəçi	[myhafizæ'tʃi]
investidor (m)	investor	[in'vɛstor]
devedor (m)	borclu	[bordʒ'ʲlʲu]
orodor (ııı)	kreditor	[kɪɛdi'tʊɪ]
mutuário (m)	borc alan	['bordʒʲ a'lan]
importador (m)	idxalatçı	[idχala'tʃı]
exportador (m)	ixracatçı	[iχradʒʲa'tʃı]
produtor (m)	istehsalçı	[istɛhsal'tʃı]
distribuidor (m)	distribütor	[distri'bytor]
intermediário (m)	vasitəçi	[vasitæ'tʃi]
consultor (m)	məsləhətçi	[mæslæhæ'tʃi]
representante (m)	təmsilçi	[tæmsil'tʃi]
agente (m)	agent	[a'gɛnt]
agente (m) de seguros	sığorta agenti	[sıɣor'ta agɛn'ti]

87. Profissões de serviços

cozinheiro (m)	aşpaz	[aʃ'paz]
cozinheiro chefe (m)	baş aşpaz	['baʃ aʃ'paz]
padeiro (m)	çörəkçi	['tʃœræk'tʃi]
barman (m)	barmen	['barmɛn]

| empregado (m) de mesa | ofisiant | [ofisi'ant] |
| empregada (f) de mesa | ofisiant qız | [ofisi'ant 'gız] |

advogado (m)	vəkil	[væ'kil]
jurista (m)	hüquqşünas	[hygukʃy'nas]
notário (m)	notarius	[no'tarius]

eletricista (m)	montyor	[mon'tʲor]
canalizador (m)	santexnik	[san'tɛχnik]
carpinteiro (m)	dülgər	[dylʲ'gær]

massagista (m)	masajçı	[masaʒ'ʧı]
massagista (f)	masajçı qadın	[masaʒ'ʧı ga'dın]
médico (m)	həkim	[hæ'kim]

taxista (m)	taksi sürücüsü	[tak'si syryʤy'sy]
condutor (automobilista)	sürücü	[syry'ʤy]
entregador (m)	kuryer	[ku'rjɛr]

camareira (f)	otaq qulluqçusu	[o'tah gullʲugʧu'su]
guarda (m)	mühafizəçi	[myhafizæ'ʧi]
hospedeira (f) de bordo	stüardessa	[styar'dɛssa]

professor (m)	müəllim	[myæl'lim]
bibliotecário (m)	kitabxanaçı	[kitapχana'ʧı]
tradutor (m)	tərcüməçi	[tærʤymæ'ʧi]
intérprete (m)	tərcüməçi	[tærʤymæ'ʧi]
guia (pessoa)	bələdçi	[bælæd'ʧi]

cabeleireiro (m)	bərbər	[bær'bær]
carteiro (m)	poçtalyon	[poʧta'lʲon]
vendedor (m)	satıcı	[satı'ʤʲı]

jardineiro (m)	bağban	[ba'ɣban]
criado (m)	nökər	[nø'kær]
criada (f)	ev qulluqçusu	['ɛv gullʲugʧu'su]
empregada (f) de limpeza	xadimə	[χadi'mæ]

88. Profissões militares e postos

soldado (m) raso	sıravi	[sıra'vi]
sargento (m)	çavuş	[ʧa'vuʃ]
tenente (m)	leytenant	[lɛjtɛ'nant]
capitão (m)	kapitan	[kapi'tan]

major (m)	mayor	[ma'jor]
coronel (m)	polkovnik	[pol'kovnik]
general (m)	general	[gɛnɛ'ral]
marechal (m)	marşal	['marʃal]
almirante (m)	admiral	[admi'ral]

militar (m)	hərbiçi	[hærbi'ʧi]
soldado (m)	əsgər	[æs'gær]
oficial (m)	zabit	[za'bit]

comandante (m)	komandir	[koman'dir]
guarda (m) fronteiriço	sərhəd keşikçisi	[sær'hæd kɛʃiktʃi'si]
operador (m) de rádio	radist	[ra'dist]
explorador (m)	kəşfiyyatçı	[kæʃfia'tʃı]
sapador (m)	istehkamçı	[istɛhkam'tʃı]
atirador (m)	atıcı	[atı'dʒ'ı]
navegador (m)	şturman	['ʃturman]

89. Oficiais. Padres

| rei (m) | kral | ['kral] |
| rainha (f) | kraliçə | [kra'litʃæ] |

| príncipe (m) | şahzadə | [ʃahza'dæ] |
| princesa (f) | şahzadə xanım | [ʃahza'dæ χa'nım] |

| czar (m) | çar | ['tʃar] |
| czarina (f) | çariçə | [tʃa'ritʃæ] |

presidente (m)	prezident	[prɛzi'dɛnt]
ministro (m)	nazir	[na'zir]
primeiro-ministro (m)	baş nazir	['baʃ na'zir]
senador (m)	senator	[sɛ'nator]

diplomata (m)	diplomat	[diplo'mat]
cônsul (m)	konsul	['konsul]
embaixador (m)	səfir	[sæ'fir]
conselheiro (m)	müşavir	[myʃa'vir]

funcionário (m)	məmur	[mæ'mur]
prefeito (m)	prefekt	[prɛ'fɛkt]
Presidente (m) da Câmara	şəhər icra hakimiyyətinin başçısı	[ʃæ'hær Idʒ'ra hakimiæti'nin baʃtʃı'sı]

| juiz (m) | hakim | [ha'kim] |
| procurador (m) | prokuror | [proku'ror] |

missionário (m)	missioner	[missio'nɛr]
monge (m)	rahib	[ra'hip]
abade (m)	abbat	[ab'bat]
rabino (m)	ravvin	['ravvin]

vizir (m)	vezir	[væ'zir]
xá (m)	şax	['ʃaχ]
xeque (m)	şeyx	['ʃɛjχ]

90. Profissões agrícolas

apicultor (m)	arıçı	[arı'tʃı]
pastor (m)	çoban	[tʃo'ban]
agrónomo (m)	aqronom	[agro'nom]
criador (m) de gado	heyvandar	[hɛjvan'dar]

veterinário (m)	baytar	[baj'tar]
agricultor (m)	fermer	['fɛrmɛr]
vinicultor (m)	şərabçı	[ʃærap'tʃı]
zoólogo (m)	zooloq	[zo'oloh]
cowboy (m)	kovboy	[kov'boj]

91. Profissões artísticas

| ator (m) | aktyor | [ak'tʲor] |
| atriz (f) | aktrisa | [akt'risa] |

| cantor (m) | müğənni | [myɣæn'ni] |
| cantora (f) | müğənni qadın | [myɣæn'ni ga'dın] |

| bailarino (m) | rəqqas | [ræk'kas] |
| bailarina (f) | rəqqasə | [rækka'sæ] |

| artista (m) | artist | [ar'tist] |
| artista (f) | artist qadın | [ar'tist ga'dın] |

músico (m)	musiqiçi	[musigi'tʃi]
pianista (m)	pianoçu	[pi'anotʃu]
guitarrista (m)	qitara çalan	[gi'tara tʃa'lan]

maestro (m)	dirijor	[diri'ʒor]
compositor (m)	bəstəkar	[bæstæ'kar]
empresário (m)	impresario	[imprɛ'sario]

realizador (m)	rejissor	[rɛʒis'sor]
produtor (m)	prodüser	[pro'dysɛr]
argumentista (m)	ssenarist	[ssɛna'rist]
crítico (m)	tənqidçi	[tængid'tʃi]

escritor (m)	yazıçı	[jazı'tʃı]
poeta (m)	şair	[ʃa'ir]
escultor (m)	heykəltəraş	[hɛjkæltæ'raʃ]
pintor (m)	rəssam	[ræs'sam]

malabarista (m)	jonqlyor	[ʒong'lʲor]
palhaço (m)	təlxək	[tæl'χæk]
acrobata (m)	canbaz	[dʒʲan'baz]
mágico (m)	fokus göstərən	['fokus gøstæ'ræn]

92. Várias profissões

médico (m)	həkim	[hæ'kim]
enfermeira (f)	tibb bacısı	['tibp badʒʲı'sı]
psiquiatra (m)	psixiatr	[psiχi'atr]
estomatologista (m)	stomatoloq	[stoma'toloh]
cirurgião (m)	cərrah	[dʒʲær'rah]
astronauta (m)	astronavt	[astro'navt]
astrónomo (m)	astronom	[astro'nom]

motorista (m)	sürücü	[syry'dʒy]
maquinista (m)	maşınsürən	[maʃınsy'ræn]
mecânico (m)	mexanik	[mɛ'χanik]
mineiro (m)	qazmaçı	[gazma'tʃı]
operário (m)	fəhlə	[fæh'læ]
serralheiro (m)	çilingər	[tʃilin'ɣær]
marceneiro (m)	xarrat	[χar'rat]
torneiro (m)	tornaçı	[torna'tʃı]
construtor (m)	inşaatçı	[inʃaa'tʃı]
soldador (m)	qaynaqçı	[gajnag'tʃı]
professor (m) catedrático	professor	[pro'fɛssor]
arquiteto (m)	memar	[mɛ'mar]
historiador (m)	tarixçi	[tariχ'tʃi]
cientista (m)	alim	[a'lim]
físico (m)	fizik	['fizik]
químico (m)	kimyaçı	[kimja'tʃı]
arqueólogo (m)	arxeoloq	[arχɛ'oloh]
geólogo (m)	qeoloq	[gɛ'oloh]
pesquisador (cientista)	tədqiqatçı	[tædgiga'tʃı]
babysitter (f)	dayə	[da'jæ]
professor (m)	pedaqoq	[pɛda'goh]
redator (m)	redaktor	[rɛ'daktor]
redator-chefe (m)	baş redaktor	['baʃ rɛ'daktor]
correspondente (m)	müxbir	[myχ'bir]
datilógrafa (f)	makinaçı	[ma'kinatʃı]
designer (m)	dizayner	[di'zajnɛr]
especialista (m) em informática	bilgisayar ustası	[bilgisa'jar usta'sı]
programador (m)	proqramçı	[program'tʃı]
engenheiro (m)	mühəndis	[myhɛn'dis]
marujo (m)	dənizçi	[dæniz'tʃi]
marinheiro (m)	matros	[mat'ros]
salvador (m)	xilas edən	[χi'las ɛ'dæn]
bombeiro (m)	yanğınsöndürən	[janχınsøndy'ræn]
polícia (m)	polis	[po'lis]
guarda-noturno (m)	gözətçi	[gøzæ'tʃi]
detetive (m)	xəfiyyə	[χæfi'æ]
funcionário (m) da alfândega	gömrük işçisi	[gøm'ryk iʃtʃi'si]
guarda-costas (m)	şəxsi mühafizəçi	[ʃæχ'si myhafizæ'tʃi]
guarda (m) prisional	nəzarətçi	[næzaræ'tʃi]
inspetor (m)	inspektor	[in'spɛktor]
desportista (m)	idmançı	[idman'tʃı]
treinador (m)	məşqçi	[mæʃg'tʃi]
talhante (m)	qəssab	[gæs'sap]
sapateiro (m)	çəkməçi	[tʃækmæ'tʃi]
comerciante (m)	ticarətçi	[tidʒ'aræ'tʃi]

carregador (m)	malyükləyən	[malʲyklæˈjæn]
estilista (m)	modelçi	[modɛlˈtʃi]
modelo (f)	model	[moˈdɛl]

93. Ocupações. Estatuto social

| aluno, escolar (m) | məktəbli | [mæktæbˈli] |
| estudante (~ universitária) | tələbə | [tælæˈbæ] |

filósofo (m)	fəlsəfəçi	[fælsæfæˈtʃi]
economista (m)	iqdisadçı	[igtisadˈtʃɪ]
inventor (m)	ixtiraçı	[iχtiraˈtʃɪ]

desempregado (m)	işsiz	[iʃˈsiz]
reformado (m)	təqaüdçü	[tægaydˈtʃu]
espião (m)	casus	[dʒʲaˈsus]

preso (m)	dustaq	[dusˈtah]
grevista (m)	tətilçi	[tætilˈtʃi]
burocrata (m)	bürokrat	[byrokˈrat]
viajante (m)	səyahətçi	[sæjahæˈtʃi]

| homossexual (m) | homoseksualist | [homosɛksuaˈlist] |
| hacker (m) | xaker | [ˈχakɛr] |

bandido (m)	quldur	[gulˈdur]
assassino (m) a soldo	muzdlu qatil	[muzdˈlʲu ˈgatil]
toxicodependente (m)	narkoman	[narkoˈman]
traficante (m)	narkotik alverçisi	[narkoˈtik alvɛrtʃiˈsi]
prostituta (f)	fahişə	[fahiˈʃæ]
chulo (m)	qadın alverçisi	[gaˈdɪn alvɛrtʃiˈsi]

bruxo (m)	caduger	[dʒʲaduˈgær]
bruxa (f)	caduger qadın	[dʒʲaduˈgær gaˈdɪn]
pirata (m)	dəniz qulduru	[dæˈniz gulduˈru]
escravo (m)	kölə	[køˈlæ]
samurai (m)	samuray	[samuˈraj]
selvagem (m)	vəhşi adam	[væhˈʃi aˈdam]

Educação

94. Escola

escola (f)	məktəb	[mæk'tæp]
diretor (m) de escola	məktəb direktoru	[mæk'tæp di'rɛktoru]
aluno (m)	şagird	[ʃa'gird]
aluna (f)	şagird qız	[ʃa'gird 'gɪz]
escolar (m)	məktəbli	[mæktæb'li]
escolar (f)	məktəbli qız	[mæktæb'li 'gɪz]
ensinar (vt)	öyrətmək	[øjræt'mæk]
aprender (vt)	öyrənmək	[øjræn'mæk]
aprender de cor	əzbər öyrənmək	[æz'bær øjræn'mæk]
estudar (vi)	öyrənmək	[øjræn'mæk]
andar na escola	oxumaq	[oxu'mah]
ir à escola	məktəbə getmək	[mæktæ'bæ gɛt'mæk]
alfabeto (m)	əlifba	[ælif'ba]
disciplina (f)	fənn	['fænn]
sala (f) de aula	sinif	[si'nif]
lição (f)	dərs	['dærs]
recreio (m)	tənəffüs	[tænæf'fys]
toque (m)	zəng	['zænh]
carteira (f)	parta	['parta]
quadro (m) negro	yazı taxtası	[ja'zɪ taχta'sɪ]
nota (f)	qiymət	[gij'mæt]
boa nota (f)	yaxşı qiymət	[jaχ'ʃi gij'mæt]
nota (f) baixa	pis qiymət	['pis gij'mæt]
dar uma nota	qiymət yazmaq	[gij'mæt jaz'mah]
erro (m)	səhv	['sæhv]
fazer erros	səhv etmək	['sæhv ɛt'mæk]
corrigir (vt)	düzəltmək	[dyzælt'mæk]
cábula (f)	şparqalka	[ʃpar'galka]
dever (m) de casa	ev tapşırığı	['ɛv tapʃɪrɪ'ɣɪ]
exercício (m)	məşğələ	[mæʃɣæ'læ]
estar presente	iştirak etmək	[iʃti'rak ɛt'mæk]
estar ausente	iştirak etməmək	[iʃti'rak 'ɛtmæmæk]
punir (vt)	cəzalandırmaq	[dʒʲæzalandɪr'mah]
punição (f)	cəza	[dʒʲæ'za]
comportamento (m)	əxlaq	[æχ'lah]

boletim (m) escolar	gündəlik	[gyndæ'lik]
lápis (m)	karandaş	[karan'daʃ]
borracha (f)	pozan	[po'zan]
giz (m)	təbaşir	[tæba'ʃir]
estojo (m)	qələmdan	[gælæm'dan]
pasta (f) escolar	portfel	[port'fɛl]
caneta (f)	qələm	[gæ'læm]
caderno (m)	dəftər	[dæf'tær]
manual (m) escolar	dərslik	[dærs'lik]
compasso (m)	pərgar	[pær'gʲar]
traçar (vt)	cızmaq	[dʒʲɪz'mah]
desenho (m) técnico	cizgi	[dʒʲiz'gi]
poesia (f)	şer	['ʃɛr]
de cor	əzbərdən	[æzbær'dæn]
aprender de cor	əzbər öyrənmək	[æz'bær øjræn'mæk]
férias (f pl)	tətil	[tæ'til]
estar de férias	tətilə çıxmaq	[tæti'læ tʃɪx'mah]
teste (m)	yoxlama işi	[joχla'ma i'ʃi]
composição, redação (f)	inşa	[in'ʃa]
ditado (m)	imla	[im'la]
exame (m)	imtahan	[imta'han]
fazer exame	imtahan vermək	[imta'han vɛr'mæk]
experiência (~ química)	təcrübə	[tædʒɪry'bæ]

95. Colégio. Universidade

academia (f)	akademiya	[aka'dɛmija]
universidade (f)	universitet	[univɛrsi'tɛt]
faculdade (f)	fakültə	[fakul'tæ]
estudante (m)	tələbə	[tælæ'bæ]
estudante (f)	tələbə qız	[tælæ'bæ 'gɪz]
professor (m)	müəllim	[myæl'lim]
sala (f) de palestras	auditoriya	[audi'torija]
graduado (m)	məzun	[mæ'zun]
diploma (m)	diplom	[dip'lom]
tese (f)	dissertasiya	[dissɛr'tasija]
estudo (obra)	tədqiqat	[tædgi'gat]
laboratório (m)	laboratoriya	[labora'torija]
palestra (f)	leksiya	['lɛksija]
colega (m) de curso	kurs yoldaşı	['kurs jolda'ʃɪ]
bolsa (f) de estudos	təqaüd	[tæga'jud]
grau (m) académico	elmi dərəcə	[ɛl'mi dæræ'dʒʲæ]

96. Ciências. Disciplinas

matemática (f)	riyaziyyat	[riazi'at]
álgebra (f)	cəbr	['dʒʲæbr]
geometria (f)	həndəsə	[hændæ'sæ]

astronomia (f)	astronomiya	[astro'nomija]
biologia (f)	biologiya	[bio'logija]
geografia (f)	coğrafiya	[dʒʲo'ɣrafija]
geologia (f)	qeoloqiya	[gɛo'logija]
história (f)	tarix	[ta'riχ]

medicina (f)	təbabət	[tæba'bæt]
pedagogia (f)	pedaqoqika	[pɛda'gogika]
direito (m)	hüquq	[hy'guh]

física (f)	fizika	['fizika]
química (f)	kimya	['kimja]
filosofia (f)	fəlsəfə	[fælsæ'fæ]
psicologia (f)	psixoloqiya	[psiχo'logija]

97. Sistema de escrita. Ortografia

gramática (f)	qrammatika	[gram'matika]
vocabulário (m)	leksika	['lɛksika]
fonética (f)	fonetika	[fo'nɛtika]

substantivo (m)	isim	['isim]
adjetivo (m)	sifət	[si'fæt]
verbo (m)	fel	['fɛl]
advérbio (m)	zərf	['zœrf]

pronome (m)	əvəzlik	[æværz'lik]
interjeição (f)	nida	[ni'da]
preposição (f)	önlük	[øn'lyk]

raiz (f) da palavra	sözün kökü	[sø'zyn kø'ky]
terminação (f)	sonluq	[son'lʲuh]
prefixo (m)	önşəkilçi	[ønʃækil'tʃi]
sílaba (f)	heca	[hɛ'dʒʲa]
sufixo (m)	şəkilçi	[ʃækil'tʃi]

acento (m)	vurğu	[vur'ɣu]
apóstrofo (m)	apostrof	[apost'rof]

ponto (m)	nöqtə	[nøg'tæ]
vírgula (f)	verqül	[vɛr'gyl]
ponto e vírgula (m)	nöqtəli verqül	[nøgtæ'li vɛr'gyl]
dois pontos (m pl)	iki nöqtə	[i'ki nøg'tæ]
reticências (f pl)	nöqtələr	[nøgtæ'lær]

ponto (m) de interrogação	sual işarəsi	[su'al iʃaræ'si]
ponto (m) de exclamação	nida işarəsi	[ni'da iʃaræ'si]

T&P Books. Vocabulário Português-Azeri - 5000 palavras

aspas (f pl)	dırnaq	[dır'nah]
entre aspas	dırnaq arası	[dır'nah ara'sı]
parênteses (m pl)	mötərizə	[møtæri'zæ]
entre parênteses	mötərizədə	[møtærizæ'dæ]
hífen (m)	defis	[dɛ'fis]
travessão (m)	tire	[ti'rɛ]
espaço (m)	ara	[a'ra]
letra (f)	hərf	['hærf]
letra (f) maiúscula	böyük hərf	[bø'juk 'hærf]
vogal (f)	sait səs	[sa'it 'sæs]
consoante (f)	samit səs	[sa'mit 'sæs]
frase (f)	cümlə	[dʒym'læ]
sujeito (m)	mübtəda	[myptæ'da]
predicado (m)	xəbər	[χæ'bær]
linha (f)	sətir	[sæ'tir]
em uma nova linha	yeni sətirdən	[ɛ'ni sætir'dæn]
parágrafo (m)	abzas	['abzas]
palavra (f)	söz	['søz]
grupo (m) de palavras	söz birləşməsi	[søz birlæʃmæ'si]
expressão (f)	ifadə	[ifa'dæ]
sinónimo (m)	sinonim	[si'nonim]
antónimo (m)	antonim	[an'tonim]
regra (f)	qayda	[gaj'da]
exceção (f)	istisna	[istis'na]
correto	düzgün	[dyz'gyn]
conjugação (f)	təsrif	[tæs'rif]
declinação (f)	hallanma	[hallan'ma]
caso (m)	hal	['hal]
pergunta (f)	sual	[su'al]
sublinhar (vt)	altından xətt çəkmək	[altın'dan 'χætt tʃæk'mæk]
linha (f) pontilhada	punktir	[punk'tir]

98. Línguas estrangeiras

língua (f)	dil	['dil]
língua (f) estrangeira	xarici dil	[χari'dʒʲi dil]
estudar (vt)	öyrənmək	[øjræn'mæk]
aprender (vt)	öyrənmək	[øjræn'mæk]
ler (vt)	oxumaq	[oχu'mah]
falar (vi)	danışmaq	[danıʃ'mah]
compreender (vt)	başa düşmək	[ba'ʃa dyʃ'mæk]
escrever (vt)	yazmaq	[jaz'mah]
rapidamente	cəld	['dʒʲæld]
devagar	yavaş	[ja'vaʃ]

T&P Books. Vocabulário Português-Azeri - 5000 palavras

fluentemente	sərbəst	[sær'bæst]
regras (f pl)	qaydalar	[gajda'lar]
gramática (f)	qrammatika	[gram'matika]
vocabulário (m)	leksika	['lɛksika]
fonética (f)	fonetika	[fo'nɛtika]

manual (m) escolar	dərslik	[dærs'lik]
dicionário (m)	lüğət	[ly'ɣæt]
manual (m) de autoaprendizagem	rəhbər	[ræh'bær]
guia (m) de conversação	danışıq kitabı	[danı'ʃıh kita'bı]

cassete (f)	kasset	[kas'sɛt]
vídeo cassete (m)	video kasset	['vidɛo kas'sɛt]
CD (m)	SD diski	[si'di dis'ki]
DVD (m)	DVD	[divi'di]

alfabeto (m)	əlifba	[ælif'ba]
soletrar (vt)	hərf-hərf danışmaq	['hærf 'hærf danıʃ'mah]
pronúncia (f)	teləffüz	[tælæf'fyz]

sotaque (m)	aksent	[ak'sɛnt]
com sotaque	aksentlə danışmaq	[ak'sɛntlæ danıʃ'mah]
sem sotaque	aksentsiz danışmaq	[aksɛn'tsiz danıʃ'mah]

palavra (f)	söz	['søz]
sentido (m)	məna	[mæ'na]

cursos (m pl)	kurslar	[kurs'lar]
inscrever-se (vr)	yazılmaq	[jazıl'mah]
professor (m)	müəllim	[myæl'lim]

tradução (processo)	tərcümə	[tærdʒy'mæ]
tradução (texto)	tərcümə	[tærdʒy'mæ]
tradutor (m)	tərcüməçi	[tærdʒymæ'tʃi]
intérprete (m)	tərcüməçi	[tærdʒymæ'tʃi]

poliglota (m)	poliqlot	[polig'lot]
memória (f)	yaddaş	[jad'daʃ]

Descanso. Entretenimento. Viagens

99. Viagens

turismo (m)	turizm	[tu'rizm]
turista (m)	turist	[tu'rist]
viagem (f)	səyahət	[sæja'hæt]
aventura (f)	macəra	[madʒʲæ'ra]
viagem (f)	səfər	[sæ'fær]
férias (f pl)	məzuniyyət	[mæzuni'æt]
estar de férias	məzuniyyətdə olmaq	[mæzuniæt'dæ ol'mah]
descanso (m)	istirahət	[istira'hæt]
comboio (m)	qatar	[ga'tar]
de comboio (chegar ~)	qatarla	[ga'tarla]
avião (m)	təyyarə	[tæja'ræ]
de avião	təyyarə ilə	[tæja'ræ i'læ]
de carro	maşınla	[ma'ʃınla]
de navio	gəmidə	[gæmi'dæ]
bagagem (f)	baqaj	[ba'gaʒ]
mala (f)	çamadan	[tʃama'dan]
carrinho (m)	baqaj üçün araba	[ba'gaʒ ju'tʃun ara'ba]
passaporte (m)	pasport	['pasport]
visto (m)	viza	['viza]
bilhete (m)	bilet	[bi'lɛt]
bilhete (m) de avião	təyyarə bileti	[tæja'ræ bilɛ'ti]
guia (m) de viagem	soraq kitabçası	[so'rah kitabtʃa'sı]
mapa (m)	xəritə	[χæri'tæ]
local (m), area (f)	yer	['ɛr]
lugar, sítio (m)	yer	['ɛr]
exotismo (m)	ekzotika	[ɛk'zotika]
exótico	ekzotik	[ɛkzo'tik]
surpreendente	təəccüb doğuran	[taæ'dʒyp doɣu'ran]
grupo (m)	qrup	['grup]
excursão (f)	ekskursiya	[ɛks'kursija]
guia (m)	ekskursiya rəhbəri	[ɛks'kursija ræhbæ'ri]

100. Hotel

hotel (m)	mehmanxana	[mɛhmanχa'na]
motel (m)	motel	[mo'tɛl]
três estrelas	3 ulduzlu	['jutʃ ulduz'lʲu]

cinco estrelas	5 ulduzlu	['bɛʃ ulduz'lʲu]
ficar (~ num hotel)	qalmaq	[gal'mah]
quarto (m)	nömrə	[nøm'ræ]
quarto (m) individual	bir nəfərlik nömrə	['bir næfær'lik nøm'ræ]
quarto (m) duplo	iki nəfərlik nömrə	[i'ki næfær'lik nøm'ræ]
reservar um quarto	nömrə təxsis etmək	[nøm'ræ tæχ'sis ɛt'mæk]
meia pensão (f)	yarım pansion	[ja'rım pansi'on]
pensão (f) completa	tam pansion	['tam pansi'on]
com banheira	vannası olan nömrə	[vanna'sı o'lan nøm'ræ]
com duche	duşu olan nömrə	[du'ʃu o'lan nøm'ræ]
televisão (m) satélite	peyk televiziyası	['pɛjk tɛlɛ'vizijası]
ar (m) condicionado	kondisioner	[kondisio'nɛr]
toalha (f)	dəsmal	[dæs'mal]
chave (f)	açar	[a'tʃar]
administrador (m)	müdir	[my'dir]
camareira (f)	otaq qulluqçusu	[o'tah gullʲugtʃu'su]
bagageiro (m)	yükdaşıyan	[jykdaʃı'jan]
porteiro (m)	qapıçı	[gapı'tʃı]
restaurante (m)	restoran	[rɛsto'ran]
bar (m)	bar	['bar]
pequeno-almoço (m)	səhər yeməyi	[sæ'hær ɛmɛ'jı]
jantar (m)	axşam yeməyi	[aχ'ʃam ɛmɛ'jı]
buffet (m)	İsveç masası	[is'vɛtʃ masa'sı]
hall (m) de entrada	vestibül	[vɛsti'byl]
elevador (m)	lift	['lift]
NÃO PERTURBE	NARAHAT ETMƏYİN!	[nara'hat 'ɛtmæjın]
PROIBIDO FUMAR!	SİQARET ÇƏKMƏYİN!	[siɡa'ɾɛt 'ʧækmæjın]

EQUIPAMENTO TÉCNICO. TRANSPORTES

Equipamento técnico. Transportes

101. Computador

computador (m)	bilgisayar	[bilgisa'jar]
portátil (m)	noutbuk	['noutbuk]
ligar (vt)	işə salmaq	[i'ʃæ sal'mah]
desligar (vt)	söndürmək	[søndyr'mæk]
teclado (m)	klaviatura	[klavia'tura]
tecla (f)	dil	['dil]
rato (m)	bilgisayar siçanı	[bilgisa'jar sitʃa'nı]
tapete (m) de rato	altlıq	[alt'lıh]
botão (m)	düymə	[dyj'mæ]
cursor (m)	kursor	[kur'sor]
monitor (m)	monitor	[moni'tor]
ecrã (m)	ekran	[ɛk'ran]
disco (m) rígido	sərt disk	['sært 'disk]
capacidade (f) do disco rígido	sərt diskin həcmi	['sært dis'kin hædʒı'mi]
memória (f)	yaddaş	[jad'daʃ]
memória RAM (f)	operativ yaddaş	[opɛra'tiv jad'daʃ]
ficheiro (m)	fayl	['fajl]
pasta (f)	qovluq	[gov'lʲuh]
abrir (vt)	açmaq	[atʃ'mah]
fechar (vt)	bağlamaq	[baɣla'mah]
guardar (vt)	saxlamaq	[saχla'mah]
apagar, eliminar (vt)	silmək	[sil'mæk]
copiar (vt)	kopyalamaq	[kopjala'mah]
ordenar (vt)	çeşidləmək	[tʃɛʃidlæ'mæk]
copiar (vt)	yenidən yazmaq	[ɛni'dæn jaz'mah]
programa (m)	proqram	[prog'ram]
software (m)	proqram təminatı	[prog'ram tæmina'tı]
programador (m)	proqramçı	[program'tʃı]
programar (vt)	proqramlaşdırmaq	[programlaʃdır'mah]
hacker (m)	xaker	['χakɛr]
senha (f)	parol	[pa'rol]
vírus (m)	virus	['virus]
detetar (vt)	aşkar etmək	[aʃ'kʲar ɛt'mæk]
byte (m)	bayt	['bajt]

megabyte (m)	meqabayt	[mɛga'bajt]
dados (m pl)	məlumatlar	[mælʲumat'lar]
base (f) de dados	məlumatlar bazası	[mælʲumat'lar 'bazası]

cabo (m)	kabel	['kabɛl]
desconectar (vt)	ayırmaq	[ajır'mah]
conetar (vt)	qoşmaq	[goʃ'mah]

102. Internet. E-mail

internet (f)	internet	[intɛr'nɛt]
browser (m)	brauzer	['brauzɛr]
motor (m) de busca	axtarış mənbəyi	[aχta'rıʃ mænbæ'i]
provedor (m)	provayder	[provaj'dɛr]

webmaster (m)	veb ustası	['vɛp usta'sı]
website, sítio web (m)	veb-sayt	['vɛp 'sajt]
página (f) web	veb-səhifə	['vɛp sæi'fæ]

| endereço (m) | ünvan | [yn'van] |
| livro (m) de endereços | ünvan kitabı | [yn'van kita'bı] |

| caixa (f) de correio | poçt qutusu | ['potʃt gutu'su] |
| correio (m) | poçt | ['potʃt] |

mensagem (f)	ismarıc	[isma'rıdʒʲ]
remetente (m)	göndərən	[gøndæ'ræn]
enviar (vt)	göndərmək	[gøndær'mæk]
envio (m)	göndərilmə	[gøndæril'mæ]

| destinatário (m) | alan | [a'lan] |
| receber (vt) | almaq | [al'mah] |

| correspondência (f) | məktublaşma | [mæktublaʃ'ma] |
| corresponder-se (vr) | məktublaşmaq | [mæktublaʃ'mah] |

ficheiro (m)	fayl	['fajl]
fazer download, baixar	kopyalamaq	[kopjala'mah]
criar (vt)	yaratmaq	[jarat'mah]
apagar, eliminar (vt)	silmək	[sil'mæk]
eliminado	silinmiş	[silin'miʃ]

conexão (f)	bağlantı	[baɣlan'tı]
velocidade (f)	surət	[su'ræt]
modem (m)	modem	[mo'dɛm]

| acesso (m) | yol | ['jol] |
| porta (f) | giriş | [gi'riʃ] |

| conexão (f) | qoşulma | [goʃul'ma] |
| conetar (vi) | qoşulmaq | [goʃul'mah] |

| escolher (vt) | seçmək | [sɛtʃ'mæk] |
| buscar (vt) | axtarmaq | [aχtar'mah] |

103. Eletricidade

eletricidade (f)	elektrik	[ɛlɛkt'rik]
elétrico	elektrik	[ɛlɛkt'rik]
central (f) elétrica	elektrik stansiyası	[ɛlɛkt'rik 'stansijası]
energia (f)	enerji	[ɛnɛr'ʒi]
energia (f) elétrica	elektrik enerjisi	[ɛlɛkt'rik ɛnɛrʒi'si]
lâmpada (f)	lampa	[lam'pa]
lanterna (f)	əl fənəri	['æl fænæ'ri]
poste (m) de iluminação	küçə fənəri	[ky'ʧæ fænæ'ri]
luz (f)	işıq	[i'ʃıh]
ligar (vt)	qoşmaq	[goʃ'mah]
desligar (vt)	söndürmək	[søndyr'mæk]
apagar a luz	işığı söndürmək	[iʃı'ɣı søndyr'mæk]
fundir (vi)	yanmaq	[jan'mah]
curto-circuito (m)	qısa qapanma	[gı'sa gapan'ma]
rutura (f)	qırılma	[gırıl'ma]
contacto (m)	birləşmə	[birlæʃ'mæ]
interruptor (m)	elektrik açarı	[ɛlɛkt'rik aʧa'rı]
tomada (f)	rozetka	[rozɛt'ka]
ficha (f)	ştepsel	[ʃ'tɛpsɛl]
extensão (f)	uzadıcı	[uzadı'dʒʲı]
fusível (m)	qoruyucu	[goruy'dʒy]
fio, cabo (m)	məftil	[mæf'til]
instalação (f) elétrica	şəbəkə	[ʃæbæ'kæ]
ampere (m)	amper	[am'pɛr]
amperagem (f)	cərəyən gücü	[dʒʲæræ'jæn gy'dʒy]
volt (m)	volt	['volt]
voltagem (f)	gərginlik	[gærgin'lik]
aparelho (m) elétrico	elektrik cihaz	[ɛlɛkt'rik dʒʲi'haz]
indicador (m)	indikator	[indi'kator]
eletricista (m)	elektrik	[ɛ'lɛktrik]
soldar (vt)	lehimləmək	[lɛhimlæ'mæk]
ferro (m) de soldar	lehim aləti	[lɛ'him alæ'ti]
corrente (f) elétrica	cərəyan	[dʒʲæræ'jæn]

104. Ferramentas

ferramenta (f)	alət	[a'læt]
ferramentas (f pl)	alətlər	[alæt'lær]
equipamento (m)	avadanlıq	[avadan'lıh]
martelo (m)	çəkic	[ʧæ'kidʒʲ]
chave (f) de fendas	vintaçan	[vinta'ʧan]
machado (m)	balta	[bal'ta]

serra (f)	mişar	[mi'ʃar]
serrar (vt)	mişarlamaq	[miʃarla'mah]
plaina (f)	rəndə	[ræn'dæ]
aplainar (vt)	rəndələmək	[rændælæ'mæk]
ferro (m) de soldar	lehim aləti	[lɛ'him alæ'ti]
soldar (vt)	lehimləmək	[lɛhimlæ'mæk]

lima (f)	suvand	[su'vand]
tenaz (f)	kəlbətin	[kælbæ'tin]
alicate (m)	yastıağız kəlbətin	[jastıa'ɣız kælbæ'tin]
formão (m)	iskənə	[iskæ'næ]

broca (f)	burğu	[bur'ɣu]
berbequim (f)	burğu	[bur'ɣu]
furar (vt)	deşmək	[dɛʃ'mæk]

| faca (f) | bıçaq | [bı'tʃah] |
| lâmina (f) | uc | ['udʒʲi] |

afiado	iti	[i'ti]
cego	küt	['kyt]
embotar-se (vr)	kütləşmək	[kytlæʃ'mæk]
afiar, amolar (vt)	itiləmək	[itilæ'mæk]

parafuso (m)	bolt	['bolt]
porca (f)	qayka	[gaj'ka]
rosca (f)	yiv	['jıv]
parafuso (m) para madeira	şurup	[ʃu'rup]

| prego (m) | mismar | [mis'mar] |
| cabeça (f) do prego | baş | ['baʃ] |

régua (f)	xətkeş	[χæt'kɛʃ]
fita (f) métrica	ölçü lenti	[øl'tʃu lɛn'tɪ]
nível (m)	səviyyə ölçən cihaz	[sævi'æ øl'tʃæn dʒʲi'haz]
lupa (f)	zərrəbin	[zærræ'bin]

medidor (m)	ölçü cihazı	[øl'tʃu dʒʲiha'zı]
medir (vt)	ölçmək	[øltʃ'mæk]
escala (f)	şkala	[ʃka'la]
indicação (f), registo (m)	göstərici	[gøstɛri'dʒʲi]

| compressor (m) | kompressor | [kom'prɛssor] |
| microscópio (m) | mikroskop | [mikro'skop] |

bomba (f)	nasos	[na'sos]
robô (m)	robot	[ro'bot]
laser (m)	lazer	['lazɛr]

chave (f) de boca	qayka açarı	[gaj'ka atʃa'rı]
fita (f) adesiva	lent-skoç	['lɛnt 'skotʃ]
cola (f)	yapışqan	[japıʃ'gan]

lixa (f)	sumbata kağızı	[sumba'ta kaɣı'zı]
mola (f)	yay	['jaj]
íman (m)	maqnit	[mag'nit]

95

luvas (f pl)	əlçək	[æl'dʒʲæk]
corda (f)	kəndir	[kæn'dir]
cordel (m)	ip	['ip]
fio (m)	məftil	[mæf'til]
cabo (m)	kabel	['kabɛl]

marreta (f)	ağır çəkic	[a'ɣır tʃæ'kidʒʲ]
pé de cabra (m)	link	['link]
escada (f) de mão	nərdivan	[nærdi'van]
escadote (m)	əl nərdivanı	['æl nærdiva'nı]

enroscar (vt)	bərkitmək	[bærkit'mæk]
desenroscar (vt)	açmaq	[atʃ'mah]
apertar (vt)	sıxmaq	[sıχ'mah]
colar (vt)	yapışdırmaq	[japıʃdır'mah]
cortar (vt)	kəsmək	[kæs'mæk]

falha (mau funcionamento)	nasazlıq	[nasaz'lıh]
conserto (m)	təmir	[tæ'mir]
consertar, reparar (vt)	təmir etmək	[tæ'mir ɛt'mæk]
regular, ajustar (vt)	sazlamaq	[sazla'mah]

verificar (vt)	yoxlamaq	[joχla'mah]
verificação (f)	yoxlanış	[joχla'nıʃ]
indicação (f), registo (m)	sayğac göstəricisi	[saj'ɣadʒʲ gøstɛridʒʲi'si]

| seguro | etibarlı | [ɛtibar'lı] |
| complicado | mürəkkəb | [myræk'kæp] |

enferrujar (vi)	paslanmaq	[paslan'mah]
enferrujado	paslı	[pas'lı]
ferrugem (f)	pas	['pas]

T&P Books. Vocabulário Português-Azeri - 5000 palavras

Transportes

105. Avião

avião (m)	təyyarə	[tæja'ræ]
bilhete (m) de avião	təyyarə bileti	[tæja'ræ bilɛ'ti]
companhia (f) aérea	hava yolu şirkəti	[ha'va jo'lʲu ʃirkæ'ti]
aeroporto (m)	hava limanı	[ha'va lima'nı]
supersónico	səsdən sürətli	[sæs'dæn syræt'li]
comandante (m) do avião	hava gəmisinin komandiri	[ha'va gæmisi'nin komandi'ri]
tripulação (f)	heyyət	[hɛ'jæt]
piloto (m)	pilot	[pi'lot]
hospedeira (f) de bordo	stüardessa	[styar'dɛssa]
copiloto (m)	şturman	['ʃturman]
asas (f pl)	qanadlar	[ganad'lar]
cauda (f)	arxa	[ar'χa]
cabine (f) de pilotagem	kabina	[ka'bina]
motor (m)	mühərrik	[myhær'rik]
trem (m) de aterragem	şassi	[ʃas'si]
turbina (f)	turbina	[tur'bina]
hélice (f)	propeller	[pro'pɛllɛr]
caixa-preta (f)	qara qutu	[ga'ra gu'tu]
coluna (f) de controlo	sükan çarxı	[sy'kʲan tʃar'χı]
combustível (m)	yanacaq	[jana'dʒʲah]
instruções (f pl) de segurança	təlimat	[tæli'mat]
máscara (f) de oxigénio	oksigen maskası	[oksi'gɛn maska'sı]
uniforme (m)	rəsmi paltar	[ræs'mi pal'tar]
colete (m) salva-vidas	xilas edici jilet	[χi'las ædi'dʒʲi ʒi'lɛt]
paraquedas (m)	paraşüt	[para'ʃyt]
descolagem (f)	havaya qalxma	[hava'ja galχ'ma]
descolar (vi)	havaya qalxmaq	[hava'ja galχ'mah]
pista (f) de descolagem	qalxma-enmə zolağı	[galχ'ma ɛn'mæ zola'γı]
visibilidade (f)	görünmə dərəcəsi	[gøryn'mæ dæræʤʲæ'si]
voo (m)	uçuş	[u'tʃuʃ]
altura (f)	hündürlük	[hyndyr'lyk]
poço (m) de ar	hava boşluğu	[ha'va boʃlʲu'γu]
assento (m)	yer	['ɛr]
auscultadores (m pl)	qulaqlıqlar	[gulaglıg'lar]
mesa (f) rebatível	qatlanan masa	[gatla'nan ma'sa]
vigia (f)	illüminator	[illymi'nator]
passagem (f)	keçid	[kɛ'tʃid]

97

106. Comboio

comboio (m)	qatar	[ga'tar]
comboio (m) suburbano	elektrik qatarı	[ɛlɛkt'rik gata'rı]
comboio (m) rápido	süret qatarı	[sy'ræt gata'rı]
locomotiva (f) diesel	teplovoz	[tɛplo'voz]
locomotiva (f) a vapor	parovoz	[paro'voz]
carruagem (f)	vaqon	[va'gon]
carruagem restaurante (f)	vaqon-restoran	[va'gon rɛsto'ran]
carris (m pl)	relsler	[rɛls'lær]
caminho de ferro (m)	demiryolu	[dæmirjo'lʲu]
travessa (f)	şpal	['ʃpal]
plataforma (f)	platforma	[plat'forma]
linha (f)	yol	['jol]
semáforo (m)	semafor	[sɛma'for]
estação (f)	stansiya	['stansija]
maquinista (m)	maşınsüren	[maʃınsy'ræn]
bagageiro (m)	yükdaşıyan	[jykdaʃı'jan]
hospedeiro, -a (da carruagem)	beledçi	[bælæd'tʃi]
passageiro (m)	serniş in	[særni'ʃin]
revisor (m)	nezaretçi	[næzaræ'tʃi]
corredor (m)	dehliz	[dæh'liz]
freio (m) de emergência	stop-kran	['stop 'kran]
compartimento (m)	kupe	[ku'pɛ]
cama (f)	yataq yeri	[ja'tah ɛ'ri]
cama (f) de cima	yuxarı yer	[juχa'rı 'ɛr]
cama (f) de baixo	aşağı yer	[aʃa'ɣı 'ɛr]
roupa (f) de cama	yataq deyişeyi	[ja'tah dæiʃæ'jı]
bilhete (m)	bilet	[bi'lɛt]
horário (m)	cedvel	[dʒʲæd'væl]
painel (m) de informação	lövhe	[løv'hæ]
partir (vt)	yola düşmek	[jo'la dyʃ'mæk]
partida (f)	yola düşme	[jo'la dyʃ'mæ]
chegar (vi)	gelmek	[gæl'mæk]
chegada (f)	gelme	[gæl'mæ]
chegar de comboio	qatarla gelmek	[ga'tarla gæl'mæk]
apanhar o comboio	qatara minmek	[gata'ra min'mæk]
sair do comboio	qatardan düşmek	[gatar'dan dyʃ'mæk]
acidente (m) ferroviário	qeza	[gæ'za]
locomotiva (f) a vapor	parovoz	[paro'voz]
fogueiro (m)	ocaqçı	[odʒ'ag'tʃı]
fornalha (f)	odluq	[od'lʲuh]
carvão (m)	kömür	[kø'myr]

107. Barco

navio (m)	gəmi	[gæ'mi]
embarcação (f)	gəmi	[gæ'mi]
vapor (m)	paroxod	[paro'χod]
navio (m)	teploxod	[tɛplo'χod]
transatlântico (m)	layner	['lajnɛr]
cruzador (m)	kreyser	['krɛjsɛr]
iate (m)	yaxta	['jaχta]
rebocador (m)	yedək	[ɛ'dæk]
barcaça (f)	barja	['barʒa]
ferry (m)	bərə	[bæ'ræ]
veleiro (m)	yelkənli qayıq	[ɛlkæn'li ga'jıh]
bergantim (m)	briqantina	[brigan'tina]
quebra-gelo (m)	buzqıran	[buzgı'ran]
submarino (m)	sualtı qayıq	[sual'tı ga'jıh]
bote, barco (m)	qayıq	[ga'jıh]
bote, dingue (m)	şlyupka	['ʃlʲupka]
bote (m) salva-vidas	xilasetmə şlyupkası	[χilasɛt'mæ ʃlʲupka'sı]
lancha (f)	kater	['katɛr]
capitão (m)	kapitan	[kapi'tan]
marinheiro (m)	matros	[mat'ros]
marujo (m)	dənizçi	[dæniz'tʃi]
tripulação (f)	heyyət	[hɛ'jæt]
contramestre (m)	bosman	['bosman]
grumete (m)	gomi şagirdi	[gæ'mi ʃagıı'di]
cozinheiro (m) de bordo	gəmi aşpazı	[gæ'mi aʃpa'zı]
médico (m) de bordo	gəmi həkimi	[gæ'mi hæki'mi]
convés (m)	göyərtə	[gøjær'tæ]
mastro (m)	dirək	[di'ræk]
vela (f)	yelkən	[ɛl'kæn]
porão (m)	anbar	[an'bar]
proa (f)	gəminin qabaq tərəfi	[gæmi'nin ga'bah tæræ'fi]
popa (f)	gəminin arxa tərəfi	[gæmi'nin ar'χa tæræ'fi]
remo (m)	avar	[a'var]
hélice (f)	pərvanə	[pærva'næ]
camarote (m)	kayuta	[ka'juta]
sala (f) dos oficiais	kayut-kompaniya	[ka'jut kom'panija]
sala (f) das máquinas	maşın bölməsi	[ma'ʃın bølmæ'si]
ponte (m) de comando	kapitan körpüsü	[kapi'tan kørpy'sy]
sala (f) de comunicações	radio-rubka	['radio 'rupka]
onda (f) de rádio	radio dalğası	['radio dalɣa'sı]
diário (m) de bordo	gəmi jurnalı	[gæ'mi ʒurna'lı]
luneta (f)	müşahidə borusu	[myʃai'dæ boru'su]
sino (m)	zəng	['zænh]

bandeira (f)	bayraq	[baj'rah]
cabo (m)	kanat	[ka'nat]
nó (m)	dənizçi düyünü	[dæniz'tʃi dyju'ny]
corrimão (m)	məhəccər	[mæhæ'dʒʲær]
prancha (f) de embarque	pilləkən	[pillæ'kæn]
âncora (f)	lövbər	[løv'bær]
recolher a âncora	lövbəri qaldırmaq	[løvbæ'ri galdır'mah]
lançar a âncora	lövbər salmaq	[løv'bær sal'mah]
amarra (f)	lövbər zənciri	[løv'bær zændʒʲi'ri]
porto (m)	liman	[li'man]
cais, amarradouro (m)	körpü	[kør'py]
atracar (vi)	sahilə yaxınlaşmaq	[sahi'læ jaχınlaʃ'mah]
desatracar (vi)	sahildən ayrılmaq	[sahil'dæn ajrıl'mah]
viagem (f)	səyahət	[sæja'hæt]
cruzeiro (m)	kruiz	[kru'iz]
rumo (m), rota (f)	istiqamət	[istiga'mæt]
itinerário (m)	marşrut	[marʃ'rut]
canal (m) navegável	farvater	[far'vatɛr]
banco (m) de areia	say	['saj]
encalhar (vt)	saya oturmaq	[sa'ja otur'mah]
tempestade (f)	fırtına	[fırtı'na]
sinal (m)	siqnal	[sig'nal]
afundar-se (vr)	batmaq	[bat'mah]
SOS	SOS	['sos]
boia (f) salva-vidas	xilas edici dairə	[χilas ɛdi'dʒʲi dai'ræ]

108. Aeroporto

aeroporto (m)	hava limanı	[ha'va lima'nı]
avião (m)	təyyarə	[tæja'ræ]
companhia (f) aérea	hava yolu şirkəti	[ha'va jo'lʲu ʃirkæ'ti]
controlador (m) de tráfego aéreo	dispetçer	[dis'pɛtʃɛr]
partida (f)	uçub getmə	[u'tʃup gɛt'mæ]
chegada (f)	uçub gəlmə	[u'tʃup gæl'mæ]
chegar (~ de avião)	uçub gəlmək	[u'tʃup gæl'mæk]
hora (f) de partida	yola düşmə vaxtı	[jo'la dyʃ'mæ vaχ'tı]
hora (f) de chegada	gəlmə vaxtı	[gæl'mæ vaχ'tı]
estar atrasado	gecikmək	[gɛdʒʲik'mæk]
atraso (m) de voo	uçuşun gecikməsi	[utʃu'ʃun gɛdʒʲikmæ'si]
painel (m) de informação	məlumat lövhəsi	[mælʲu'mat løvhæ'si]
informação (f)	məlumat	[mælʲu'mat]
anunciar (vt)	elan etmək	[ɛ'lan ɛt'mæk]
voo (m)	reys	['rɛjs]

| alfândega (f) | gömrük | [gøm'ryk] |
| funcionário (m) da alfândega | gömrük işçisi | [gøm'ryk iʃtʃi'si] |

declaração (f) alfandegária	bəyannamə	[bæjanna'mæ]
preencher a declaração	bəyannaməni doldurmaq	[bæjannamæ'ni doldur'mah]
controlo (m) de passaportes	pasport nəzarəti	['pasport næzaræ'ti]

bagagem (f)	baqaj	[ba'gaʒ]
bagagem (f) de mão	əl yükü	['æl ju'ky]
carrinho (m)	araba	[ara'ba]

aterragem (f)	enmə	[ɛn'mæ]
pista (f) de aterragem	enmə zolağı	[ɛn'mæ zola'ɣɪ]
aterrar (vi)	enmək	[ɛn'mæk]
escada (f) de avião	pilləkən	[pillæ'kæn]

check-in (m)	qeydiyyat	[gɛjdi'at]
balcão (m) do check-in	qeydiyyat yeri	[gɛjdi'at ɛ'ri]
fazer o check-in	qeydiyyatdan keçmək	[gɛjdiat'dan kɛtʃ'mæk]
cartão (m) de embarque	minik talonu	[mi'nik talo'nu]
porta (f) de embarque	çıxış	[tʃɪ'xɪʃ]

trânsito (m)	tranzit	[tran'zit]
esperar (vi, vt)	gözləmək	[gøzlæ'mæk]
sala (f) de espera	gözləmə zalı	[gøzlæ'mæ za'lɪ]
despedir-se de ...	yola salmaq	[jo'la sal'mah]
despedir-se (vr)	vidalaşmaq	[vidalaʃ'mah]

Eventos

109. Férias. Evento

festa (f)	bayram	[baj'ram]
festa (f) nacional	milli bayram	[mil'li baj'ram]
feriado (m)	bayram günü	[baj'ram gy'ny]
festejar (vt)	bayram etmək	[baj'ram ɛt'mæk]
evento (festa, etc.)	hadisə	[hadi'sæ]
evento (banquete, etc.)	tədbir	[tæd'bir]
banquete (m)	banket	[ban'kɛt]
receção (f)	ziyafət	[zija'fæt]
festim (m)	böyük qonaqlıq	[bø'juk gonag'lıh]
aniversário (m)	ildönümü	[ildøny'my]
jubileu (m)	yubiley	[ybi'lɛj]
celebrar (vt)	qeyd etmək	['gɛjd æt'mæk]
Ano (m) Novo	Yeni il	[ɛ'ni 'il]
Feliz Ano Novo!	Yeni iliniz mübarək!	[ɛ'ni ili'niz myba'ræk]
Natal (m)	Milad	[mi'lad]
Feliz Natal!	Milad bayramınız şən keçsin!	[mi'lad bajramı'nız 'ʃæn kɛtʃ'sin]
árvore (f) de Natal	Yeni il yolkası	[ɛ'ni 'il jolka'sı]
fogo (m) de artifício	salam atəşi	[sa'lam atæ'ʃi]
boda (f)	toy	['toj]
noivo (m)	bəy	['bæj]
noiva (f)	nişanlı	[niʃan'lı]
convidar (vt)	dəvət etmək	[dæ'væt ɛt'mæk]
convite (m)	dəvətnamə	[dævætna'mæ]
convidado (m)	qonaq	[go'nah]
visitar (vt)	qonaq getmək	[go'nah gɛt'mæk]
receber os hóspedes	qonaq qarşılamaq	[go'nah garʃıla'mah]
presente (m)	hədiyyə	[hædi'æ]
oferecer (vt)	hədiyyə vermək	[hædi'æ vɛr'mæk]
receber presentes	hədiyyə almaq	[hædi'æ al'mah]
ramo (m) de flores	gül dəstəsi	['gylⁱ dæstæ'si]
felicitações (f pl)	təbrik	[tæb'rik]
felicitar (dar os parabéns)	təbrik etmək	[tæb'rik ɛt'mæk]
cartão (m) de parabéns	təbrik açıqcası	[tæb'rik atʃıgtʃa'sı]
enviar um postal	açıqca göndərmək	[atʃıg'tʃa gøndær'mæk]
receber um postal	açıqca almaq	[atʃıg'tʃa al'mah]

brinde (m)	tost	['tost]
oferecer (vt)	qonaq etmək	[go'nah ɛt'mæk]
champanhe (m)	şampan şərabı	[ʃam'pan ʃæra'bı]
divertir-se (vr)	şənlənmək	[ʃænlæn'mæk]
diversão (f)	şənlik	[ʃæn'lik]
alegria (f)	sevinc	[sɛ'vindʒ]
dança (f)	rəqs	['rægs]
dançar (vi)	rəqs etmək	['rægs ɛt'mæk]
valsa (f)	vals	['vals]
tango (m)	tanqo	['tango]

110. Funerais. Enterro

cemitério (m)	qəbristanlıq	[gæbristan'lıh]
sepultura (f), túmulo (m)	qəbir	[gæ'bir]
lápide (f)	qəbir daşı	[gæ'bir da'ʃı]
cerca (f)	hasar	[ha'sar]
capela (f)	kiçik kilsə	[ki'tʃik kil'sæ]
morte (f)	ölüm	[ø'lym]
morrer (vi)	ölmək	[øl'mæk]
defunto (m)	ölü	[ø'ly]
luto (m)	matəm	[ma'tæm]
enterrar, sepultar (vt)	dəfn etmək	['dæfn ɛt'mæk]
agência (f) funerária	dəfn etmə bürosu	['dæfn ɛt'mæ byro'su]
funeral (m)	dəfn etmə mərasimi	['dæfn ɛt'mæ mærasi'mi]
coroa (f) de flores	əklil	[æk'lil]
caixão (m)	tabut	[ta'but]
carro (m) funerário	cənazə arabası	[dʒ'æna'zæ araba'sı]
mortalha (f)	kəfən	[kæ'fæn]
urna (f) funerária	urna	['urna]
crematório (m)	meyit yandırılan bina	[mɛ'it jandırı'lan bi'na]
obituário (m), necrologia (f)	nekroloq	[nɛkro'loh]
chorar (vi)	ağlamaq	[ayla'mah]
soluçar (vi)	hönkür-hönkür ağlamaq	[hø'nkyr hø'nkyr ayla'mah]

111. Guerra. Soldados

pelotão (m)	vzvod	['vzvod]
companhia (f)	rota	['rota]
regimento (m)	alay	[a'laj]
exército (m)	ordu	[or'du]
divisão (f)	diviziya	[di'vizija]
destacamento (m)	dəstə	[dæs'tæ]
hoste (f)	qoşun	[go'ʃun]

| soldado (m) | əsgər | [æs'gær] |
| oficial (m) | zabit | [za'bit] |

soldado (m) raso	sıravi	[sıra'vi]
sargento (m)	çavuş	[tʃa'vuʃ]
tenente (m)	leytenant	[lɛjtɛ'nant]
capitão (m)	kapitan	[kapi'tan]
major (m)	mayor	[ma'jor]
coronel (m)	polkovnik	[pol'kovnik]
general (m)	general	[gɛnɛ'ral]

marujo (m)	dənizçi	[dæniz'tʃi]
capitão (m)	kapitan	[kapi'tan]
contramestre (m)	bosman	['bosman]

artilheiro (m)	topçu	[top'tʃu]
soldado (m) paraquedista	desantçı	[dɛsan'tʃı]
piloto (m)	təyyarəçi	[tæjaræ'tʃi]
navegador (m)	şturman	['ʃturman]
mecânico (m)	mexanik	[mɛ'xanik]

sapador (m)	istehkamçı	[istɛhkam'tʃı]
paraquedista (m)	paraşütçü	[paraʃy'tʃy]
explorador (m)	kəşfiyyatçı	[kæʃfia'tʃı]
franco-atirador (m)	snayper	['snajpɛr]

patrulha (f)	patrul	[pat'rul]
patrulhar (vt)	patrul çəkmək	[pat'rul tʃæk'mæk]
sentinela (f)	keşikçi	[kɛʃik'tʃi]

guerreiro (m)	döyüşçü	[døyʃ'tʃu]
patriota (m)	vətənpərvər	[vætænpær'vær]
herói (m)	qəhrəman	[gæhræ'man]
heroína (f)	qəhrəman qadın	[gæhræ'man ga'dın]

traidor (m)	satqın	[sat'gın]
desertor (m)	fərari	[færa'ri]
desertar (vt)	fərarilik etmək	[færari'lik ɛt'mæk]

mercenário (m)	muzdla tutulan əsgər	['muzdla tutu'lan æs'gær]
recruta (m)	yeni əsgər	[ɛ'ni æs'gær]
voluntário (m)	könüllü	[kønyl'ly]

morto (m)	öldürülən	[øldyry'læn]
ferido (m)	yaralı	[jara'lı]
prisioneiro (m) de guerra	əsir	[æ'sir]

112. Guerra. Ações militares. Parte 1

guerra (f)	müharibə	[myhari'bæ]
guerrear (vt)	müharibə etmək	[myhari'bæ ɛt'mæk]
guerra (f) civil	vətəndaş müharibəsi	[vætæn'daʃ myharibæ'si]
perfidamente	xaincəsinə	[xa'indʒæsinæ]
declaração (f) de guerra	elan edilmə	[ɛ'lan ɛdil'mæ]

declarar (vt) guerra	elan etmək	[ɛ'lan ɛt'mæk]
agressão (f)	təcavüz	[tædʒ'a'vyz]
atacar (vt)	hücum etmək	[hy'dʒ'um ɛt'mæk]

invadir (vt)	işğal etmək	[iʃɣal ɛt'mæk]
invasor (m)	işğalçı	[iʃɣal'tʃɪ]
conquistador (m)	istilaçı	[istila'tʃɪ]

defesa (f)	müdafiyə	[mydafi'jæ]
defender (vt)	müdafiyə etmək	[mydafi'jæ ɛt'mæk]
defender-se (vr)	müdafiyə olunmaq	[mydafi'jæ olʲun'mah]

inimigo (m)	düşmən	[dyʃ'mæn]
adversário (m)	əleyhdar	[ælɛjh'dar]
inimigo	düşmən	[dyʃ'mæn]

| estratégia (f) | strategiya | [stra'tɛgija] |
| tática (f) | taktika | ['taktika] |

ordem (f)	əmr	['æmr]
comando (m)	əmr	['æmr]
ordenar (vt)	əmr etmək	['æmr ɛt'mæk]
missão (f)	tapşırıq	[tapʃɪ'rɪh]
secreto	məxfi	[mæχ'fi]

| batalha (f) | vuruşma | [vuruʃ'ma] |
| combate (m) | döyüş | [dø'juʃ] |

ataque (m)	hücum	[hy'dʒ'um]
assalto (m)	hücum	[hy'dʒ'um]
assaltar (vt)	hücum etmək	[hy'dʒ'um ɛt'mæk]
assédio, sítio (m)	mühasirə	[myhasi'ræ]

| ofensiva (f) | hücum | [hy'dʒ'um] |
| passar à ofensiva | hücum etmək | [hy'dʒ'um ɛt'mæk] |

| retirada (f) | geri çəkilmə | [gɛ'ri tʃækil'mæ] |
| retirar-se (vr) | geri çəkilmək | [gɛ'ri tʃækil'mæk] |

| cerco (m) | mühasirə | [myhasi'ræ] |
| cercar (vt) | mühasirəyə almaq | [myhasiræ'jæ al'mah] |

bombardeio (m)	bombalama	[bombala'ma]
lançar uma bomba	bomba atmaq	[bom'ba at'mah]
bombardear (vt)	bombalamaq	[bombala'mah]
explosão (f)	partlayış	[partla'jɪʃ]

tiro (m)	atəş	[a'tæʃ]
disparar um tiro	güllə atmaq	[gylʲ'læ at'mah]
tiroteio (m)	atəş	[a'tæʃ]

apontar para ...	nişan almaq	[ni'ʃan al'mah]
apontar (vt)	tuşlamaq	[tuʃla'mah]
acertar (vt)	sərrast vurmaq	[sær'rast vur'mah]
afundar (um navio)	batırmaq	[batɪr'mah]
brecha (f)	deşik	[dɛ'ʃik]

afundar-se (vr)	batmaq	[bat'mah]
frente (m)	cəbhə	[dʒʲæb'hæ]
evacuação (f)	təxliyə	[tæχli'jæ]
evacuar (vt)	təxliyə etmək	[tæχli'jæ ɛt'mæk]
trincheira (f)	səngər	[sæ'ngær]
arame (m) farpado	tikanlı məftil	[tikʲan'lı mæfʲ'til]
obstáculo (m) anticarro	çəpərləmə	[tʃæpærlæ'mæ]
torre (f) de vigia	qüllə	[gyl'læ]
hospital (m)	hospital	['hospital]
ferir (vt)	yaralamaq	[jarala'mah]
ferida (f)	yara	[ja'ra]
ferido (m)	yaralı	[jara'lı]
ficar ferido	yara almaq	[ja'ra al'mah]
grave (ferida ~)	ağır	[a'ɣır]

113. Guerra. Ações militares. Parte 2

cativeiro (m)	əsirlik	[æsir'lik]
capturar (vt)	əsir almaq	[æ'sir al'mah]
estar em cativeiro	əsirlikdə olmaq	[æsirlik'dæ ol'mah]
ser aprisionado	əsir düşmək	[æ'sir dyʃ'mæk]
campo (m) de concentração	həbs düşərgəsi	['hæbs dyʃærgæ'si]
prisioneiro (m) de guerra	əsir	[æ'sir]
escapar (vi)	qaçmaq	[gatʃ'mah]
trair (vt)	satmaq	[sat'mah]
traidor (m)	satqın	[sat'gın]
traição (f)	satqınlıq	[satgın'lıh]
fuzilar, executar (vt)	güllələmək	[gyllælæ'mæk]
fuzilamento (m)	güllə cəzası	[gyl'læ dʒʲæza'sı]
equipamento (m)	rəsmi geyim	[ræs'mi gɛ'jım]
platina (f)	poqon	[po'gon]
máscara (f) antigás	əleyhqaz	[ælɛjh'gaz]
rádio (m)	ratsiya	['ratsija]
cifra (f), código (m)	şifr	['ʃifr]
conspiração (f)	konspirasiya	[konspi'rasija]
senha (f)	parol	[pa'rol]
mina (f)	mina	['mina]
minar (vt)	minalamaq	['minalamah]
campo (m) minado	minalanmış sahə	['minalanmıʃ sa'hæ]
alarme (m) aéreo	hava həyacanı	[ha'va hæjadʒʲa'nı]
alarme (m)	həyacan	[hæja'dʒʲan]
sinal (m)	signal	[sig'nal]
sinalizador (m)	signal raketi	[sig'nal rakɛ'ti]
estado-maior (m)	qərargah	[gærar'gah]
reconhecimento (m)	kəsfiyyat	[kæʃfi'at]

situação (f)	şərait	[ʃæra'it]
relatório (m)	raport	['raport]
emboscada (f)	pusqu	[pus'gu]
reforço (m)	yardım	[jar'dım]
alvo (m)	hədəf	[hæ'dæf]
campo (m) de tiro	poliqon	[poli'gon]
manobras (f pl)	manevrlər	[ma'nɛvrlær]
pânico (m)	panika	['panika]
devastação (f)	xarabalıq	[χaraba'lıh]
ruínas (f pl)	dağıntı	[daɣın'tı]
destruir (vt)	dağıtmaq	[daɣıt'mah]
sobreviver (vi)	sağ qalmaq	['saɣ gal'mah]
desarmar (vt)	tərksilah etmək	[tærksi'lah ɛt'mæk]
manusear (vt)	işlətmək	[iʃlæt'mæk]
Firmes!	Farağat!	[fara'ɣat]
Descansar!	Azad!	[a'zad]
façanha (f)	hünər	[hy'nær]
juramento (m)	and	['and]
jurar (vi)	and içmək	['and itʃ'mæk]
condecoração (f)	mükafat	[myka'fat]
condecorar (vt)	təltif etmək	[tæl'tif ɛt'mæk]
medalha (f)	medal	[mɛ'dal]
ordem (f)	orden	['ordɛn]
vitória (f)	qələbə	[gælæ'bæ]
derrota (f)	məğlubiyyət	[mæɣlʲubi'æt]
armistício (m)	atəşkəs	[atæʃ'kæs]
bandeira (f)	bayraq	[baj'rah]
glória (f)	şərəf	[ʃæ'ræf]
desfile (m) militar	parad	[pa'rad]
marchar (vi)	addımlamaq	[addımla'mah]

114. Armas

arma (f)	silah	[si'lah]
arma (f) de fogo	odlu silah	[od'lʲu si'lah]
arma (f) branca	soyuq silah	[so'juh si'lah]
arma (f) química	kimyəvi silah	[kimjæ'vi si'lah]
nuclear	nüvə	[ny'væ]
arma (f) nuclear	nüvə silahı	[ny'væ sila'hı]
bomba (f)	bomba	[bom'ba]
bomba (f) atómica	atom bombası	['atom bomba'sı]
pistola (f)	tapança	[tapan'tʃa]
caçadeira (f)	tüfəng	[ty'fænh]

pistola-metralhadora (f)	avtomat	[avto'mat]
metralhadora (f)	pulemyot	[pulɛ'mʲot]
boca (f)	ağız	[a'ɣız]
cano (m)	lülə	[ly'læ]
calibre (m)	kalibr	[ka'libr]
gatilho (m)	çaxmaq	[tʃax'mah]
mira (f)	nişangah	[niʃan'gʲah]
carregador (m)	sandıq	[san'dıh]
coronha (f)	qundaq	[gun'dah]
granada (f) de mão	qumbara	[gumba'ra]
explosivo (m)	partlayıcı maddə	[partlajı'dʒʲı mad'dæ]
bala (f)	güllə	[gyl'læ]
cartucho (m)	patron	[pat'ron]
carga (f)	güllə	[gyl'læ]
munições (f pl)	döyüş sursatı	[dø'juʃ sursa'tı]
bombardeiro (m)	bombardmançı təyyarə	[bombardman'tʃı tæja'ræ]
avião (m) de caça	qırıcı təyyarə	[gırı'dʒʲı tæja'ræ]
helicóptero (m)	vertolyot	[vɛrto'lʲot]
canhão (m) antiaéreo	zenit topu	[zɛ'nit to'pu]
tanque (m)	tank	['tank]
canhão (de um tanque)	top	['top]
artilharia (f)	top	['top]
fazer a pontaria	tuşlamaq	[tuʃla'mah]
obus (m)	mərmi	[mær'mi]
granada (f) de morteiro	mina	['mina]
morteiro (m)	minaatan	['minaatan]
estilhaço (m)	qəlpə	[gæl'pæ]
submarino (m)	sualtı qayıq	[sual'tı ga'jıh]
torpedo (m)	torpeda	[tor'pɛda]
míssil (m)	raket	[ra'kɛt]
carregar (uma arma)	doldurmaq	[doldur'mah]
atirar, disparar (vi)	atəş açmaq	[a'tæʃ atʃ'mah]
apontar para ...	nişan almaq	[ni'ʃan al'mah]
baioneta (f)	süngü	[sy'ngy]
espada (f)	qılınc	[gı'lındʒʲ]
sabre (m)	qılınc	[gı'lındʒʲ]
lança (f)	nizə	[ni'zæ]
arco (m)	yay	['jaj]
flecha (f)	ox	['ox]
mosquete (m)	muşket	[muʃ'kɛt]
besta (f)	arbalet	[arba'lɛt]

115. Povos da antiguidade

primitivo	ibtidai	[iptida'i]
pré-histórico	tarixdən əvvəlki	[tariχ'dæn ævvæl'ki]
antigo	qədim	[gæ'dim]
Idade (f) da Pedra	Daş dövrü	['daʃ døv'ry]
Idade (f) do Bronze	Tunc dövrü	['tundʒʲ døv'ry]
período (m) glacial	buz dövrü	['buz døv'ry]
tribo (f)	tayfa	[taj'fa]
canibal (m)	adamyeyən	[adamjɛ'jæn]
caçador (m)	ovçu	[ov'tʃu]
caçar (vi)	ova çıxmaq	[o'va tʃɪχ'mah]
mamute (m)	mamont	['mamont]
caverna (f)	mağara	[maɣa'ra]
fogo (m)	od	['od]
fogueira (f)	tonqal	[ton'gal]
pintura (f) rupestre	qayaüstü rəsmlər	[gajays'ty ræsm'lær]
ferramenta (f)	iş aləti	['iʃ alæ'ti]
lança (f)	nizə	[ni'zæ]
machado (m) de pedra	daş baltası	['daʃ balta'sı]
guerrear (vt)	müharibə etmək	[myhari'bæ ɛt'mæk]
domesticar (vt)	əhliləşdirmək	[æhlilæʃdir'mæk]
ídolo (m)	büt	['byt]
adorar, venerar (vt)	pərəstiş etmək	[pæræs'tiʃ ɛt'mæk]
superstição (f)	xurafat	[χura'fat]
evolução (f)	təkamül	[tæka'myl]
desenvolvimento (m)	inkişaf	[inki'ʃaf]
desaparecimento (m)	yox olma	['joχ ol'ma]
adaptar-se (vr)	uyğunlaşmaq	[ujɣunlaʃ'mah]
arqueologia (f)	arxeoloqiya	[arχɛo'logija]
arqueólogo (m)	arxeoloq	[arχɛ'oloh]
arqueológico	arxeoloji	[arχɛolo'ʒi]
local (m) das escavações	qazıntı	[gazın'tı]
escavações (f pl)	qazıntılar	[gazıntı'lar]
achado (m)	tapıntı	[tapın'tı]
fragmento (m)	parça	[par'tʃa]

116. Idade média

povo (m)	xalq	['χalh]
povos (m pl)	xalqlar	[χalg'lar]
tribo (f)	tayfa	[taj'fa]
tribos (f pl)	tayfalar	[tajfa'lar]
bárbaros (m pl)	barbarlar	[barbar'lar]
gauleses (m pl)	qallar	[gal'lar]

godos (m pl)	qotlar	[got'lar]
eslavos (m pl)	slavyanlar	[slavʲan'lar]
víquingues (m pl)	vikinqlər	['vikinglær]

| romanos (m pl) | romalılar | ['romalılar] |
| romano | Roma | ['roma] |

bizantinos (m pl)	bizanslılar	[bizanslı'lar]
Bizâncio	Bizans	[bi'zans]
bizantino	Bizans	[bi'zans]

imperador (m)	imperator	[impɛ'rator]
líder (m)	rəhbər	[ræh'bær]
poderoso	qüdrətli	[gydræt'li]
rei (m)	kral	['kral]
governante (m)	hökmdar	[høkm'dar]

cavaleiro (m)	rıtsar	['rıtsar]
senhor feudal (m)	mülkədar	[mylʲkæ'dar]
feudal	mülkədar	[mylʲkæ'dar]
vassalo (m)	vassal	[vas'sal]

duque (m)	hersoq	['hɛrsoh]
conde (m)	qraf	['graf]
barão (m)	baron	[ba'ron]
bispo (m)	yepiskop	[ɛ'piskop]

armadura (f)	yaraq-əsləhə	[ja'rah æslæ'hæ]
escudo (m)	qalxan	[gal'χan]
espada (f)	qılınc	[gı'lındʒʲ]
viseira (f)	dəbilqə üzlüyü	[dæbil'gæ juzly'ju]
cota (f) de malha	dəmir geyim	[dæ'mir gɛ'jım]

| cruzada (f) | xaç yürüşü | ['χatʃ jury'ʃy] |
| cruzado (m) | əhl-səlib | ['æhl sæ'lip] |

território (m)	ərazi	[æra'zi]
atacar (vt)	hücum etmək	[hy'dʒʲum ɛt'mæk]
conquistar (vt)	istila etmək	[isti'la ɛt'mæk]
ocupar, invadir (vt)	işğal etmək	[iʃɣal ɛt'mæk]

assédio, sítio (m)	mühasirə	[myhasi'ræ]
sitiado	mühasirə olunmuş	[myhasi'ræ olʲun'muʃ]
assediar, sitiar (vt)	mühasirə etmək	[myhasi'ræ ɛt'mæk]

inquisição (f)	inkvizisiya	[inkvi'zisija]
inquisidor (m)	inkvizitor	[inkvi'zitor]
tortura (f)	işgəncə	[iʃgæn'dʒʲæ]
cruel	qəddar	[gæd'dar]
herege (m)	kafir	[ka'fir]
heresia (f)	küfr	['kyfr]

navegação (f) marítima	gəmiçilik	[gæmitʃi'lik]
pirata (m)	dəniz qulduru	[dæ'niz guldu'ru]
pirataria (f)	dəniz quldurluğu	[dæ'niz guldurlʲu'ɣu]
abordagem (f)	abordaj	[abor'daʒ]

presa (f), butim (m) | qənimət | [gæni'mæt]
tesouros (m pl) | xəzinə | [xæzi'næ]

descobrimento (m) | kəşf etmə | ['kæʃf ɛt'mæ]
descobrir (novas terras) | kəşf etmək | ['kæʃf ɛt'mæk]
expedição (f) | ekspedisiya | [ɛkspɛ'disija]

mosqueteiro (m) | muşketyor | [muʃkɛ't'or]
cardeal (m) | kardinal | [kardi'nal]
heráldica (f) | heraldika | [hɛ'raldika]
heráldico | heraldik | [hɛral'dik]

117. Líder. Chefe. Autoridades

rei (m) | kral | ['kral]
rainha (f) | kraliçə | [kra'litʃæ]
real | kral | ['kral]
reino (m) | krallıq | [kral'lıh]

príncipe (m) | şahzadə | [ʃahza'dæ]
princesa (f) | şahzadə xanım | [ʃahza'dæ xa'nım]

presidente (m) | prezident | [prɛzi'dɛnt]
vice-presidente (m) | vitse-prezident | ['vitsɛ prɛzi'dɛnt]
senador (m) | senator | [sɛ'nator]

monarca (m) | padşah | [pad'ʃah]
governante (m) | hökmdar | [høkm'dar]
ditador (m) | diktator | [dik'tator]
tirano (m) | zülmkar | [zylʲm'kar]
magnata (m) | maqnat | [mag'nat]

diretor (m) | direktor | [di'rɛktor]
chefe (m) | rəis | [ræ'is]
dirigente (m) | idarə başçısı | [ida'ræ baʃtʃı'sı]
patrão (m) | boss | ['boss]
dono (m) | sahib | [sa'hip]

chefe (~ de delegação) | başçı | [baʃ'tʃı]
autoridades (f pl) | hakimiyyət | [hakimi'æt]
superiores (m pl) | rəhbərlik | [ræhbær'lik]

governador (m) | qubernator | [gubɛr'nator]
cônsul (m) | konsul | ['konsul]
diplomata (m) | diplomat | [diplo'mat]

Presidente (m) da Câmara | şəhər icra hakimiyyətinin başçısı | [ʃæ'hær idʒ'ra hakimiæti'nin baʃtʃı'sı]
xerife (m) | şerif | [ʃɛ'rif]

imperador (m) | imperator | [impɛ'rator]
czar (m) | çar | ['tʃar]
faraó (m) | firon | [fi'ron]
cã (m) | xan | ['xan]

118. Viloação da lei. Criminosos. Parte 1

bandido (m)	quldur	[gul'dur]
crime (m)	cinayət	[dʒⁱina'jæt]
criminoso (m)	cinayətkar	[dʒⁱinajæt'kar]
ladrão (m)	oğru	[o'ɣru]
roubar (vt)	oğurlamaq	[oɣurla'mah]
furto, roubo (m)	oğurluq	[oɣur'lⁱuh]
raptar (ex. ~ uma criança)	qaçırtmaq	[gatʃırt'mah]
rapto (m)	qaçırtma	[gatʃırt'ma]
raptor (m)	adam oğrusu	[a'dam oɣru'su]
resgate (m)	fidiyə	[fidi'ja]
pedir resgate	fidiyə tələb etmək	[fidi'ja tæ'læp ɛt'mæk]
roubar (vt)	adam soymaq	[a'dam soj'mah]
assaltante (m)	soyğunçu	[sojɣun'tʃu]
extorquir (vt)	zorla pul qoparmaq	['zorla 'pul gopar'mah]
extorsionário (m)	zorla pul qoparan	['zorla 'pul gopa'ran]
extorsão (f)	zorla pul qoparma	['zorla 'pul gopar'ma]
matar, assassinar (vt)	öldürmək	[øldyr'mæk]
homicídio (m)	qətl	['gætl]
homicida, assassino (m)	qatil	[ga'til]
tiro (m)	atəş	[a'tæʃ]
dar um tiro	güllə atmaq	[gyl'læ at'mah]
matar a tiro	güllə ilə vurmaq	[gyl'læ i'læ vur'mah]
atirar, disparar (vi)	atəş açmaq	[a'tæʃ atʃ'mah]
tiroteio (m)	atəş	[a'tæʃ]
incidente (m)	hadisə	[hadi'sæ]
briga (~ de rua)	dava-dalaş	[da'va da'laʃ]
vítima (f)	qurban	[gur'ban]
danificar (vt)	xarab etmək	[χa'rap ɛt'mæk]
dano (m)	ziyan	[zi'jan]
cadáver (m)	meyit	[mɛ'it]
grave	ağır	[a'ɣır]
atacar (vt)	hücum etmək	[hy'dʒⁱum ɛt'mæk]
bater (espancar)	vurmaq	[vur'mah]
espancar (vt)	döymək	[døj'mæk]
tirar, roubar (dinheiro)	əlindən almaq	[ælin'dæn al'mah]
esfaquear (vt)	bıçaqlamaq	[bıtʃagla'mah]
mutilar (vt)	şikəst etmək	[ʃi'kæst ɛt'mæk]
ferir (vt)	yaralamaq	[jarala'mah]
chantagem (f)	şantaj	[ʃan'taʒ]
chantagear (vt)	şantaj etmək	[ʃan'taʒ ɛt'mæk]
chantagista (m)	şantajçı	[ʃantaʒ'tʃı]
extorsão (em troca de proteção)	reket	['rɛkɛt]

extorsionário (m)	reketçi	['rɛkɛtʃi]
gângster (m)	qanqster	['gaŋstɛr]
máfia (f)	mafiya	['mafija]

carteirista (m)	cibgir	[dʒib'gir]
assaltante, ladrão (m)	ev yaran	['ɛv ja'ran]
contrabando (m)	qaçaqçılıq	[gatʃagtʃı'lıh]
contrabandista (m)	qaçaqçı	[gatʃag'tʃı]

falsificação (f)	saxtalaşdırma	[saχtalaʃdır'ma]
falsificar (vt)	saxtalaşdırmaq	[saχtalaʃdır'mah]
falsificado	saxta	[saχ'ta]

119. Viloação da lei. Criminosos. Parte 2

violação (f)	zorlama	[zorla'ma]
violar (vt)	zorlamaq	[zorla'mah]
violador (m)	qadın zorlayan	[ga'dın zorla'jan]
maníaco (m)	manyak	[ma'njak]

prostituta (f)	fahişə	[fahi'ʃæ]
prostituição (f)	fahişəlik	[fahiʃæ'lik]
chulo (m)	qadın alverçisi	[ga'dın alvɛrtʃi'si]

| toxicodependente (m) | narkoman | [narko'man] |
| traficante (m) | narkotik alverçisi | [narko'tik alvɛrtʃi'si] |

explodir (vt)	partlatmaq	[partlat'mah]
explosão (f)	partlayış	[partla'jıʃ]
incendiar (vt)	yandırmaq	[jandır'mah]
incendiário (m)	qəsdən yandıran	['gæsdæn jandı'ran]

terrorismo (m)	terrorizm	[tɛrro'rizm]
terrorista (m)	terrorçu	[tɛrror'tʃu]
refém (m)	girov götürulən adam	[gi'rov gøtyry'læn a'dam]

enganar (vt)	yalan satmaq	[ja'lan sat'mah]
engano (m)	yalan	[ja'lan]
vigarista (m)	fırıldaqçı	[fırıldag'tʃı]

subornar (vt)	pulla ələ almaq	['pulla æ'læ al'mah]
suborno (atividade)	pulla ələ alma	['pulla æ'læ al'ma]
suborno (dinheiro)	rüşvət	[ryʃ'væt]

veneno (m)	zəhər	[zæ'hær]
envenenar (vt)	zəhərləmək	[zæhærlæ'mæk]
envenenar-se (vr)	özünü zəhərləmək	[øzy'ny zæhærlæ'mæk]

suicídio (m)	intihar	[inti'har]
suicida (m)	intihar edən adam	[inti'har ɛ'dæn a'dam]
ameaçar (vt)	hədələmək	[hædælæ'mæk]
ameaça (f)	hədə	[hæ'dæ]
atentar contra a vida de ...	birinin canına qəsd etmək	[biri'nin dʒanı'na 'gæsd ɛt'mæk]

atentado (m)	qəsd etmə	['gæsd ɛt'mæ]
roubar (o carro)	qaçırmaq	[gatʃɪr'mah]
desviar (o avião)	qaçırmaq	[gatʃɪr'mah]

| vingança (f) | intiqam | [inti'gam] |
| vingar (vt) | intiqam almaq | [inti'gam al'mah] |

torturar (vt)	işgəncə vermək	[iʃgæn'dʒʲæ vɛr'mæk]
tortura (f)	işgəncə	[iʃgæn'dʒʲæ]
atormentar (vt)	əzab vermək	[æ'zab vɛr'mæk]

pirata (m)	dəniz qulduru	[dæ'niz guldu'ru]
desordeiro (m)	xuliqan	[χuli'gan]
armado	silahlı	[silah'lı]
violência (f)	zorakılıq	[zorakı'lıh]

| espionagem (f) | casusluq | [dʒʲasus'lʲuh] |
| espionar (vi) | casusluq etmək | [dʒʲasus'lʲuh ɛt'mæk] |

120. Polícia. Lei. Parte 1

| justiça (f) | ədalət | [æda'læt] |
| tribunal (m) | məhkəmə | [mæhkæ'mæ] |

juiz (m)	hakim	[ha'kim]
jurados (m pl)	prisyajnı içlasçıları	[pri'sʲaʒnı idʒʲlastʃıla'rı]
tribunal (m) do júri	prisyajnılar məhkəməsi	[pri'sʲaʒnılar mæhkæmæ'si]
julgar (vt)	mühakimə etmək	[myhaki'mæ ɛt'mæk]

advogado (m)	vəkil	[væ'kil]
réu (m)	müqəssir	[mygæs'sir]
banco (m) dos réus	müqəssirlər kürsüsü	[mygæssir'lær kyrsy'sy]

| acusação (f) | ittiham | [itti'ham] |
| acusado (m) | müttəhim | [myttæ'him] |

| sentença (f) | hökm | ['høkm] |
| sentenciar (vt) | məhkum etmək | [mæh'kum ɛt'mæk] |

culpado (m)	təqsirkar	[tægsir'kar]
punir (vt)	cəzalandırmaq	[dʒʲæzalandır'mah]
punição (f)	cəza	[dʒʲæ'za]

multa (f)	cərimə	[dʒʲæri'mæ]
prisão (f) perpétua	ömürlük həbs cəzası	[ømyr'lyk 'hæbs dʒʲæza'sı]
pena (f) de morte	ölüm cəzası	[ø'lym dʒʲæza'sı]
cadeira (f) elétrica	elektrik stul	[ɛlɛkt'rik 'stul]
forca (f)	dar ağacı	['dar aγa'dʒʲı]

| executar (vt) | edam etmək | [ɛ'dam ɛt'mæk] |
| execução (f) | edam | [ɛ'dam] |

| prisão (f) | həbsxana | [hæbsχa'na] |
| cela (f) de prisão | kamera | ['kamɛra] |

escolta (f)	mühafizə dəstəsi	[myhafi'zæ dæstæ'si]
guarda (m) prisional	gözətçi	[gøzæ'tʃi]
preso (m)	dustaq	[dus'tah]

| algemas (f pl) | əl qandalları | ['æl gandalla'rı] |
| algemar (vt) | əl qandalları vurmaq | ['æl gandalla'rı vur'mah] |

fuga, evasão (f)	qaçış	[ga'tʃıʃ]
fugir (vi)	qaçmaq	[gatʃ'mah]
desaparecer (vi)	yox olmaq	['joχ ol'mah]
soltar, libertar (vt)	azad etmək	[a'zad ɛt'mæk]
amnistia (f)	əhf	['æhf]

polícia (instituição)	polis	[po'lis]
polícia (m)	polis	[po'lis]
esquadra (f) de polícia	polis idarəsi	[po'lis idaræ'si]
cassetete (m)	rezin dəyənək	[rɛ'zin dæjæ'næk]
megafone (m)	rupor	['rupor]

carro (m) de patrulha	patrul maşını	[pat'rul maʃı'nı]
sirene (f)	sirena	[si'rɛna]
ligar a sirene	sirenanı qoşmaq	[si'rɛnanı goʃ'mah]
toque (m) da sirene	sirena səsi	[si'rɛna sæ'si]

cena (f) do crime	hadisə yeri	[hadi'sæ ɛ'ri]
testemunha (f)	şahid	[ʃa'hid]
liberdade (f)	azadlıq	[azad'lıh]
cúmplice (m)	cinayət ortağı	[ʤina'jæt orta'ɣı]
escapar (vi)	gözdən itmək	[gøz'dæn it'mæk]
traço (não deixar ~s)	iz	['iz]

121. Polícia. Lei. Parte 2

procura (f)	axtarış	[aχta'rıʃ]
procurar (vt)	axtarmaq	[aχtar'mah]
suspeita (f)	şübhə	[ʃyb'hæ]
suspeito	şübhəli	[ʃybhæ'li]
parar (vt)	dayandırmaq	[dajandır'mah]
deter (vt)	saxlamaq	[saχla'mah]

caso (criminal)	iş	['iʃ]
investigação (f)	istintaq	[istin'tah]
detetive (m)	detektiv	[dɛtɛk'tiv]
investigador (m)	müstəntiq	[mystæn'tih]
versão (f)	versiya	['vɛrsija]

motivo (m)	əsas	[æ'sas]
interrogatório (m)	dindirilmə	[dindiril'mæ]
interrogar (vt)	dindirmək	[dindir'mæk]
questionar (vt)	sorğulamaq	[sorɣula'mah]
verificação (f)	yoxlama	[joχla'ma]

| batida (f) policial | basqın | [bas'gın] |
| busca (f) | axtarış | [aχta'rıʃ] |

perseguição (f)	təqib etmə	[tæ'gip ɛt'mæ]
perseguir (vt)	təqib etmək	[tæ'gip ɛt'mæk]
seguir (vt)	izləmək	[izlæ'mæk]
prisão (f)	həbs	['hæbs]
prender (vt)	həbs etmək	['hæbs ɛt'mæk]
pegar, capturar (vt)	tutmaq	[tut'mah]
captura (f)	tutma	[tut'ma]
documento (m)	sənəd	[sæ'næd]
prova (f)	sübut	[sy'but]
provar (vt)	sübut etmək	[sy'but ɛt'mæk]
pegada (f)	iz	['iz]
impressões (f pl) digitais	barmaq izləri	[bar'mah izlæ'ri]
prova (f)	dəlil	[dæ'lil]
álibi (m)	alibi	['alibi]
inocente	günahsız	[gynah'sız]
injustiça (f)	ədalətsizlik	[ædalætsiz'lik]
injusto	ədalətsiz	[ædalæ'tsiz]
criminal	kriminal	[krimi'nal]
confiscar (vt)	müsadirə etmək	[mysadi'ræ ɛt'mæk]
droga (f)	narkotik maddə	[narko'tik mad'dæ]
arma (f)	silah	[si'lah]
desarmar (vt)	tərksilah etmək	[tærksi'lah ɛt'mæk]
ordenar (vt)	əmr etmək	['æmr ɛt'mæk]
desaparecer (vi)	yox olmaq	['joχ ol'mah]
lei (f)	qanun	[ga'nun]
legal	qanuni	[ganu'ni]
ilegal	qanunsuz	[ganun'suz]
responsabilidade (f)	məsuliyyət	[mæsuli'æt]
responsável	məsul	[mæ'sul]

NATUREZA

A Terra. Parte 1

122. Espaço sideral

cosmos (m)	kosmos	['kosmos]
cósmico	kosmik	[kos'mik]
espaço (m) cósmico	kosmik fəza	[kos'mik fæ'za]
mundo (m)	dünya	[dy'nja]
universo (m)	kainat	[kai'nat]
galáxia (f)	qalaktika	[ga'laktika]
estrela (f)	ulduz	[ul'duz]
constelação (f)	bürc	['byrdʒʲ]
planeta (m)	planet	[pla'nɛt]
satélite (m)	peyk	['pɛjk]
meteorito (m)	meteorit	[mɛtɛo'rit]
cometa (m)	kometa	[ko'mɛta]
asteroide (m)	asteroid	[astɛ'roid]
órbita (f)	orbita	[or'bita]
girar (vi)	fırlanmaq	[fırlan'mah]
atmosfera (f)	atmosfer	[atmos'fɛr]
Sol (m)	Günəş	[gy'næʃ]
Sistema (m) Solar	Günəş sistemi	[gy'næʃ sistɛ'mi]
eclipse (m) solar	günəşin tutulması	[gynæ'ʃin tutulma'sı]
Terra (f)	Yer	['ɛr]
Lua (f)	Ay	['aj]
Marte (m)	Mars	['mars]
Vénus (f)	Venera	[vɛ'nɛra]
Júpiter (m)	Yupiter	[ju'pitɛr]
Saturno (m)	Saturn	[sa'turn]
Mercúrio (m)	Merkuri	[mɛr'kurij]
Urano (m)	Uran	[u'ran]
Neptuno (m)	Neptun	[nɛp'tun]
Plutão (m)	Pluton	[plʲu'ton]
Via Láctea (f)	Ağ Yol	['aɣ 'jol]
Ursa Maior (f)	Böyük ayı bürcü	[bø'juk a'jı byr'dʒy]
Estrela Polar (f)	Qütb ulduzu	['gytp uldu'zu]
marciano (m)	marslı	[mars'lı]
extraterrestre (m)	başqa planetdən gələn	[baʃ'ga planɛt'dæn gæ'læn]

alienígena (m)	gəlmə	[gæl'mæ]
disco (m) voador	uçan boşqab	[u'ʧan boʃ'gap]
nave (f) espacial	kosmik gəmi	[kos'mik gæ'mi]
estação (f) orbital	orbital stansiya	[orbi'tal 'stansija]
lançamento (m)	start	['start]
motor (m)	müherrik	[myhær'rik]
bocal (m)	ucluq	[udʒˈiˈlʲuh]
combustível (m)	yanacaq	[jana'dʒʲah]
cabine (f)	kabina	[ka'bina]
antena (f)	antenna	[an'tɛnna]
vigia (f)	illüminator	[illymi'nator]
bateria (f) solar	günəş batareyası	[gy'næʃ bata'rɛjasɪ]
traje (m) espacial	skafandr	[ska'fandr]
imponderabilidade (f)	çəkisizlik	[ʧækisiz'lik]
oxigénio (m)	oksigen	[oksi'gɛn]
acoplagem (f)	uc-uca calama	['udʒʲ u'dʒʲa dʒʲala'ma]
fazer uma acoplagem	uc-uca calamaq	['udʒʲ u'dʒʲa dʒʲala'mah]
observatório (m)	observatoriya	[obsɛrva'torija]
telescópio (m)	teleskop	[tɛlɛs'kop]
observar (vt)	müşaidə etmək	[myʃai'dæ ɛt'mæk]
explorar (vt)	araşdırmaq	[araʃdɪr'mah]

123. A Terra

Terra (f)	Yer	['ɛr]
globo terrestre (Terra)	yer kürəsi	['ɛr kyræ'si]
planeta (m)	planet	[pla'nɛt]
atmosfera (f)	atmosfer	[atmos'fɛr]
geografia (f)	coğrafiya	[dʒʲo'ɣrafija]
natureza (f)	təbiət	[tæbi'æt]
globo (mapa esférico)	qlobus	['globus]
mapa (m)	xəritə	[xæri'tæ]
atlas (m)	atlas	['atlas]
Europa (f)	Avropa	[av'ropa]
Ásia (f)	Asiya	['asija]
África (f)	Afrika	['afrika]
Austrália (f)	Avstraliya	[av'stralija]
América (f)	Amerika	[a'mɛrika]
América (f) do Norte	Şimali Amerika	[ʃima'li a'mɛrika]
América (f) do Sul	Cənubi Amerika	[dʒʲænu'bi a'mɛrika]
Antártida (f)	Antarktida	[antark'tida]
Ártico (m)	Arktika	['arktika]

124. Pontos cardeais

norte (m)	şimal	[ʃi'mal]
para norte	şimala	[ʃima'la]
no norte	şimalda	[ʃimal'da]
do norte	şimali	[ʃima'li]
sul (m)	cənub	[dʒˈæ'nup]
para sul	cənuba	[dʒˈænu'ba]
no sul	cənubda	[dʒˈænub'da]
do sul	cənubi	[dʒˈænu'bi]
oeste, ocidente (m)	qərb	['gærp]
para oeste	qərbə	[gær'bæ]
no oeste	qərbdə	[gærb'dæ]
ocidental	qərb	['gærp]
leste, oriente (m)	şərq	['ʃærh]
para leste	şərqə	[ʃær'gæ]
no leste	şərqdə	[ʃærg'dæ]
oriental	şərq	['ʃærh]

125. Mar. Oceano

mar (m)	dəniz	[dæ'niz]
oceano (m)	okean	[okɛ'an]
golfo (m)	körfəz	[kør'fæz]
estreito (m)	boğaz	[bo'gaz]
terra (f) firme	quru	[gu'ru]
continente (m)	materik	[matɛ'rik]
ilha (f)	ada	[a'da]
península (f)	yarımada	[jarıma'da]
arquipélago (m)	arxipelaq	[arχipɛ'lah]
baía (f)	buxta	['buχta]
porto (m)	liman	[li'man]
lagoa (f)	laquna	[la'guna]
cabo (m)	burun	[bu'run]
atol (m)	mərcan adası	[mær'dʒˈan ada'sı]
recife (m)	rif	['rif]
coral (m)	mərcan	[mær'dʒˈan]
recife (m) de coral	mərcan rifi	[mær'dʒˈan ri'fi]
profundo	dərin	[dæ'rin]
profundidade (f)	dərinlik	[dærin'lik]
abismo (m)	dərinlik	[dærin'lik]
fossa (f) oceânica	çuxur	[tʃu'χur]
corrente (f)	axın	[a'χın]
banhar (vt)	əhatə etmək	[æha'tæ ɛt'mæk]
litoral (m)	sahil	[sa'hil]

costa (f)	sahilboyu	[sahilbo'ju]
maré (f) alta	yüksəlmə	[jyksæl'mæ]
refluxo (m), maré (f) baixa	çəkilmə	[tʃækil'mæ]
restinga (f)	dayaz yer	[da'jaz 'ɛr]
fundo (m)	dib	['dip]
onda (f)	dalğa	[dal'ɣa]
crista (f) da onda	ləpə beli	[læ'pæ bɛ'li]
espuma (f)	köpük	[kø'pyk]
tempestade (f)	fırtına	[fırtı'na]
furacão (m)	qasırğa	[gasır'ɣa]
tsunami (m)	tsunami	[tsu'nami]
calmaria (f)	tam sakitlik	['tam sakit'lik]
calmo	sakit	[sa'kit]
polo (m)	polyus	['polʲus]
polar	qütbi	[gyt'bi]
latitude (f)	en dairəsi	['ɛn dairæ'si]
longitude (f)	uzunluq dairəsi	[uzun'lʲuh dairæ'si]
paralela (f)	paralel	[para'lɛl]
equador (m)	ekvator	[ɛk'vator]
céu (m)	səma	[sæ'ma]
horizonte (m)	üfüq	[y'fyh]
ar (m)	hava	[ha'va]
farol (m)	mayak	[ma'jak]
mergulhar (vi)	dalmaq	[dal'mah]
afundar-se (vr)	batmaq	[bat'mah]
tesouros (m pl)	xəzinə	[χæzi'næ]

126. Nomes de Mares e Oceanos

Oceano (m) Atlântico	Atlantik okean	[atlan'tik okɛ'an]
Oceano (m) Índico	Hind okeanı	['hind okɛa'nı]
Oceano (m) Pacífico	Sakit okean	[sa'kit okɛ'an]
Oceano (m) Ártico	Şimal buzlu okeanı	[ʃi'mal buz'lʲu okɛ'an]
Mar (m) Negro	Qara dəniz	[ga'ra dæ'niz]
Mar (m) Vermelho	Qırmızı dəniz	[gırmı'zı dæ'niz]
Mar (m) Amarelo	Sarı dəniz	[sa'rı dæ'niz]
Mar (m) Branco	Ağ dəniz	['aɣ dæ'niz]
Mar (m) Cáspio	Xəzər dənizi	[χæ'zær dæni'zi]
Mar (m) Morto	Ölü dənizi	[ø'ly dæni'zi]
Mar (m) Mediterrâneo	Aralıq dənizi	[ara'lıh dæni'zi]
Mar (m) Egeu	Egey dənizi	[æ'gɛj dæni'zi]
Mar (m) Adriático	Adriatik dənizi	[adria'tik dæni'zi]
Mar (m) Arábico	Ərəb dənizi	[æ'ræp dæni'zi]
Mar (m) do Japão	Yapon dənizi	[ja'pon dæni'zi]

| Mar (m) de Bering | Berinq dənizi | ['bɛrinh dæni'zi] |
| Mar (m) da China Meridional | Cənubi Çin dənizi | [ʤʲænu'bi 'ʧin dæni'zi] |

Mar (m) de Coral	Mərcan dənizi	[mær'ʤʲan dæni'zi]
Mar (m) de Tasman	Tasman dənizi	[tas'man dæni'zi]
Mar (m) do Caribe	Karib dənizi	[ka'rip dæni'zi]

| Mar (m) de Barents | Barens dənizi | ['barɛns dæni'zi] |
| Mar (m) de Kara | Kars dənizi | ['kars dæni'zi] |

Mar (m) do Norte	Şimal dənizi	[ʃi'mal dæni'zi]
Mar (m) Báltico	Baltik dənizi	[bal'tik dæni'zi]
Mar (m) da Noruega	Norveç dənizi	[nor'vɛʧ dæni'zi]

127. Montanhas

montanha (f)	dağ	['daɣ]
cordilheira (f)	dağ silsiləsi	['daɣ silsilæ'si]
serra (f)	sıra dağlar	[sı'ra da'ɣlar]

cume (m)	baş	['baʃ]
pico (m)	zirvə	[zir'væ]
sopé (m)	ətək	[æ'tæk]
declive (m)	yamac	[ja'maʤʲ]

vulcão (m)	yanardağ	[janar'daɣ]
vulcão (m) ativo	fəal yanardağ	[fæ'al janar'daɣ]
vulcão (m) extinto	sönmüş yanardağ	[søn'myʃ janar'daɣ]

erupção (f)	püskürmə	[pyskyr'mæ]
cratera (f)	yanardağ ağzı	[janar'daɣ a'ɣzı]
magma (m)	maqma	['magma]
lava (f)	lava	['lava]
fundido (lava ~a)	qızmar	[gız'mar]

desfiladeiro (m)	kanyon	[ka'njon]
garganta (f)	dərə	[dæ'ræ]
fenda (f)	dar dərə	['dar dæ'ræ]

passo, colo (m)	dağ keçidi	['daɣ kɛʧi'di]
planalto (m)	plato	['plato]
falésia (f)	qaya	[ga'ja]
colina (f)	təpə	[tæ'pæ]

glaciar (m)	buzlaq	[buz'lah]
queda (f) d'água	şəlalə	[ʃæla'læ]
géiser (m)	qeyzer	['gɛjzɛr]
lago (m)	göl	['gølʲ]

planície (f)	düzən	[dy'zæn]
paisagem (f)	mənzərə	[mænzæ'ræ]
eco (m)	əks-səda	['æks sæ'da]
alpinista (m)	alpinist	[alpi'nist]
escalador (m)	qayalara dırmaşan idmançı	[gajala'ra dırma'ʃan idman'ʧı]

| conquistar (vt) | fəth etmək | ['fæth ɛt'mæk] |
| subida, escalada (f) | dırmaşma | [dɪrmaʃ'ma] |

128. Nomes de montanhas

Alpes (m pl)	Alp dağları	['alp daɣla'rɪ]
monte Branco (m)	Monblan	[mon'blan]
Pirineus (m pl)	Pireney	[pirɛ'nɛj]

Cárpatos (m pl)	Karpat	[kar'pat]
montes (m pl) Urais	Ural dağları	[u'ral daɣla'rɪ]
Cáucaso (m)	Qafqaz	[gaf'gaz]
Elbrus (m)	Elbrus	[ɛlb'rus]

Altai (m)	Altay	[al'taj]
Tian Shan (m)	Tyan-Şan	['tjan 'ʃan]
Pamir (m)	Pamir	[pa'mir]
Himalaias (m pl)	Himalay	[gima'laj]
monte (m) Everest	Everest	[ævɛ'rɛst]

| Cordilheira (f) dos Andes | And dağları | ['and daɣla'rɪ] |
| Kilimanjaro (m) | Kilimancaro | [kiliman'dʒʲaro] |

129. Rios

rio (m)	çay	['tʃaj]
fonte, nascente (f)	çeşmə	[tʃɛʃ'mæ]
leito (m) do rio	çay yatağı	['tʃaj jata'ɣɪ]
bacia (f)	hovuz	[ho'vuz]
desaguar no …	tökülmək	[tøkyl'mæk]

| afluente (m) | axın | [a'χɪn] |
| margem (do rio) | sahil | [sa'hil] |

corrente (f)	axın	[a'χɪn]
rio abaixo	axınla aşağıya doğru	[a'χɪnla aʃaɣɪ'ja do'ɣru]
rio acima	axınla yuxarıya doğru	[a'χɪnla juχarɪ'ja do'ɣru]

inundação (f)	daşqın	[daʃ'gɪn]
cheia (f)	sel	['sɛl]
transbordar (vi)	daşmaq	[daʃ'mah]
inundar (vt)	su basmaq	['su bas'mah]

| banco (m) de areia | say | ['saj] |
| rápidos (m pl) | kandar | [kan'dar] |

barragem (f)	bənd	['bænd]
canal (m)	kanal	[ka'nal]
reservatório (m) de água	su anbarı	['su anba'rɪ]
eclusa (f)	şlyuz	['ʃlʲuz]
corpo (m) de água	nohur	[no'hur]
pântano (m)	bataqlıq	[batag'lɪh]

| tremedal (m) | bataq | [ba'tah] |
| remoinho (m) | qıjov | [gɪ'ʒov] |

arroio, regato (m)	kiçik çay	[ki'ʧik 'ʧaj]
potável	içməli	[iʧmæ'li]
doce (água)	şirin	[ʃi'rin]

| gelo (m) | buz | ['buz] |
| congelar-se (vr) | donmaq | [don'mah] |

130. Nomes de rios

| rio Sena (m) | Sena | ['sɛna] |
| rio Loire (m) | Luara | [lʲu'ara] |

rio Tamisa (m)	Temza	['tɛmza]
rio Reno (m)	Reyn	['rɛjn]
rio Danúbio (m)	Dunay	[du'naj]

rio Volga (m)	Volqa	['volga]
rio Don (m)	Don	['don]
rio Lena (m)	Lena	['lɛna]

rio Amarelo (m)	Xuanxe	[χuan'χɛ]
rio Yangtzé (m)	Yanqdzı	[jang'dzɪ]
rio Mekong (m)	Mekonq	[mɛ'konh]
rio Ganges (m)	Qanq	['ganh]

rio Nilo (m)	Nil	['nil]
rio Congo (m)	Konqo	['kongo]
rio Cubango (m)	Okavanqo	[oka'vango]
rio Zambozo (m)	Zambezi	[zam'bɛzi]
rio Limpopo (m)	Limpopo	[limpo'po]
rio Mississípi (m)	Missisipi	[misi'sipi]

131. Floresta

| floresta (f), bosque (m) | meşə | [mɛ'ʃæ] |
| florestal | meşə | [mɛ'ʃæ] |

mata (f) cerrada	sıx meşəlik	['sɪχ mɛʃæ'lik]
arvoredo (m)	ağaclıq	[aɣadʒʲ'lɪh]
clareira (f)	tala	[ta'la]

| matagal (m) | cəngəllik | [dʒʲængæl'lik] |
| mato (m) | kolluq | [kol'lʲuh] |

| vereda (f) | cığır | [dʒʲɪ'ɣɪr] |
| ravina (f) | yarğan | [jar'ɣan] |

| árvore (f) | ağac | [a'ɣadʒʲ] |
| folha (f) | yarpaq | [jar'pah] |

folhagem (f)	yarpaqlar	[jarpag'lar]
queda (f) das folhas	yarpağın tökülməsi	[jarpa'ɣın təkylmæ'si]
cair (vi)	tökülmək	[təkyl'mæk]
topo (m)	baş	['baʃ]
ramo (m)	budaq	[bu'dah]
galho (m)	budaq	[bu'dah]
botão, rebento (m)	tumurcuq	[tumur'dʒyh]
agulha (f)	iynə	[ij'næ]
pinha (f)	qoza	[go'za]
buraco (m) de árvore	oyuq	[o'juh]
ninho (m)	yuva	[ju'va]
toca (f)	yuva	[ju'va]
tronco (m)	gövdə	[gøv'dæ]
raiz (f)	kök	['køk]
casca (f) de árvore	qabıq	[ga'bıh]
musgo (m)	mamır	[ma'mır]
arrancar pela raiz	kötük çıxarmaq	[kø'tyk tʃıxar'mah]
cortar (vt)	kəsmək	[kæs'mæk]
desflorestar (vt)	qırıb qurtarmaq	[gı'rıp gurtar'mah]
toco, cepo (m)	kötük	[kø'tyk]
fogueira (f)	tonqal	[ton'gal]
incêndio (m) florestal	yanğın	[jan'ɣın]
apagar (vt)	söndürmək	[søndyr'mæk]
guarda-florestal (m)	meşəbəyi	[mɛʃæbæ'jı]
proteção (f)	qoruma	[goru'ma]
proteger (a natureza)	mühafizə etmək	[myhafi'zæ ɛt'mæk]
caçador (m) furtivo	brakonyer	[brako'njɛr]
armadilha (f)	tələ	[tæ'læ]
colher (cogumelos, bagas)	yığmaq	[jı'ɣmah]
perder-se (vr)	yolu azmaq	[jo'lʲu az'mah]

132. Recursos naturais

recursos (m pl) naturais	təbii ehtiyatlar	[tæbi'i ɛhtijat'lar]
minerais (m pl)	yeraltı sərvətlər	[ɛral'tı særvæt'lær]
depósitos (m pl)	yataqlar	[jatag'lar]
jazida (f)	yataq	[ja'tah]
extrair (vt)	hasil etmək	[ha'sil ɛt'mæk]
extração (f)	hasilat	[hasi'lat]
minério (m)	filiz	[fi'liz]
mina (f)	mədən	[mæ'dæn]
poço (m) de mina	quyu	[gu'ju]
mineiro (m)	şaxtaçı	['ʃaxtatʃı]
gás (m)	qaz	['gaz]
gasoduto (m)	qaz borusu	['gaz boru'su]

petróleo (m)	neft	['nɛft]
oleoduto (m)	neft borusu	['nɛft boru'su]
poço (m) de petróleo	neft qülləsi	['nɛft gyllæ'si]
torre (f) petrolífera	neft buruğu	['nɛft buru'ɣu]
petroleiro (m)	tanker	['tankɛr]

areia (f)	qum	['gum]
calcário (m)	əhəngdaşı	[æhæŋgda'ʃi]
cascalho (m)	çınqıl	[ʧin'gıl]
turfa (f)	torf	['torf]
argila (f)	gil	['gil]
carvão (m)	kömür	[kø'myr]

ferro (m)	dəmir	[dæ'mir]
ouro (m)	qızıl	[gı'zıl]
prata (f)	gümüş	[gy'myʃ]
níquel (m)	nikel	['nikɛl]
cobre (m)	mis	['mis]

zinco (m)	sink	['sink]
manganês (m)	manqan	[man'gan]
mercúrio (m)	civə	[ʤi'væ]
chumbo (m)	qurğuşun	[gurɣu'ʃun]

mineral (m)	mineral	[minɛ'ral]
cristal (m)	kristal	[kris'tal]
mármore (m)	mərmər	[mær'mær]
urânio (m)	uran	[u'ran]

A Terra. Parte 2

133. Tempo

tempo (m)	hava	[ha'va]
previsão (f) do tempo	hava proqnozu	[ha'va progno'zu]
temperatura (f)	temperatur	[tɛmpɛra'tur]
termómetro (m)	istilik ölçən	[isti'lik øl'ʧæn]
barómetro (m)	barometr	[ba'romɛtr]
humidade (f)	rütubət	[rytu'bæt]
calor (m)	çox isti hava	['ʧoχ is'ti ha'va]
cálido	çox isti	['ʧoχ is'ti]
está muito calor	çox istidir	['ʧoχ is'tidir]
está calor	istidir	[is'tidir]
quente	isti	[is'ti]
está frio	soyuqdur	[so'jugdur]
frio	soyuq	[so'juh]
sol (m)	günəş	[gy'næʃ]
brilhar (vi)	içıq saçmaq	[i'ʃih saʧ'mah]
de sol, ensolarado	günəşli	[gynæʃ'li]
nascer (vi)	çıxmaq	[ʧɪχ'mah]
pôr-se (vr)	batmaq	[bat'mah]
nuvem (f)	bulud	[bu'lʲud]
nublado	buludlu	[bulʲud'lʲu]
nuvem (f) preta	qara bulud	[ga'ra bu'lʲud]
escuro, cinzento	tutqun	[tut'gun]
chuva (f)	yağış	[ja'ɣɪʃ]
está a chover	yağır	[ja'ɣɪr]
chuvoso	yağışlı	[jaɣɪʃ'lɪ]
chuviscar (vi)	çiskinləmək	[ʧiskinlæ'mæk]
chuva (f) torrencial	şiddətli yağış	[ʃiddæt'li ja'ɣɪʃ]
chuvada (f)	sel	['sɛl]
forte (chuva)	şiddətli	[ʃiddæt'li]
poça (f)	su gölməçəsi	['su gølmæʧæ'si]
molhar-se (vr)	islanmaq	[islan'mah]
nevoeiro (m)	duman	[du'man]
de nevoeiro	dumanlı	[duman'lɪ]
neve (f)	qar	['gar]
está a nevar	qar yağır	['gar ja'ɣɪr]

134. Tempo extremo. Catástrofes naturais

trovoada (f)	tufan	[tu'fan]
relâmpago (m)	şimşək	[ʃim'ʃæk]
relampejar (vi)	çaxmaq	[ʧaχ'mah]
trovão (m)	göy gurultusu	[gøj gyrultu'su]
trovejar (vi)	guruldamaq	[gurulda'mah]
está a trovejar	göy guruldayır	[gøj gyrulda'jır]
granizo (m)	dolu	[do'lʲu]
está a cair granizo	dolu yağır	[do'lʲu ja'ɣır]
inundar (vt)	su basmaq	['su bas'mah]
inundação (f)	daşqın	[daʃ'gın]
terremoto (m)	zəlzələ	[zælzæ'læ]
abalo, tremor (m)	təkan	[tæ'kan]
epicentro (m)	mərkəz	[mær'kæz]
erupção (f)	püskürmə	[pyskyr'mæ]
lava (f)	lava	['lava]
turbilhão (m)	burağan	[bura'ɣan]
tornado (m)	tornado	[tor'nado]
tufão (m)	şiddətli fırtına	[ʃiddæt'li fırtı'na]
furacão (m)	qasırğa	[gasır'ɣa]
tempestade (f)	fırtına	[fırtı'na]
tsunami (m)	tsunami	[ʦu'nami]
ciclone (m)	siklon	[sik'lon]
mau tempo (m)	pis hava	['pis ha'va]
incêndio (m)	yanğın	[jan'ɣın]
catástrofe (f)	fəlakət	[fæla'kæt]
meteorito (m)	meteorit	[mɛtɛo'rit]
avalanche (f)	qar uçqunu	['gar uʧgu'nu]
deslizamento (m) de neve	qar uçqunu	['gar uʧgu'nu]
nevasca (f)	çovğun	[ʧov'ɣun]
tempestade (f) de neve	boran	[bo'ran]

Fauna

135. Mamíferos. Predadores

predador (m)	yırtıcı	[jırtı'dʒʲı]
tigre (m)	pələng	[pæ'lænh]
leão (m)	şir	['ʃir]
lobo (m)	canavar	[dʒʲana'var]
raposa (f)	tülkü	[tyl'ky]
jaguar (m)	yaquar	[jagu'ar]
leopardo (m)	leopard	[lɛo'pard]
chita (f)	gepard	[gɛ'pard]
pantera (f)	panter	[pan'tɛr]
puma (m)	puma	['puma]
leopardo-das-neves (m)	qar bəbiri	['gar bæbi'ri]
lince (m)	vaşaq	[va'ʃah]
coiote (m)	koyot	[ko'jot]
chacal (m)	çaqqal	[ʧak'kal]
hiena (f)	kaftar	[kʲaf'tar]

136. Animais selvagens

animal (m)	heyvan	[hɛj'van]
besta (f)	vəhşi heyvan	[væh'ʃi hɛj'van]
esquilo (m)	sincab	[sin'dʒʲap]
ouriço (m)	kirpi	[kir'pi]
lebre (f)	dovşan	[dov'ʃan]
coelho (m)	ev dovşanı	['ɛv dovʃa'nı]
texugo (m)	porsuq	[por'suh]
guaxinim (m)	yenot	[ɛ'not]
hamster (m)	dağsiçanı	['daɣsiʧanı]
marmota (f)	marmot	[mar'mot]
toupeira (f)	köstəbək	[køstæ'bæk]
rato (m)	siçan	[si'ʧan]
ratazana (f)	siçovul	[siʧo'vul]
morcego (m)	yarasa	[jara'sa]
arminho (m)	sincab	[sin'dʒʲap]
zibelina (f)	samur	[sa'mur]
marta (f)	dələ	[dæ'læ]
doninha (f)	gəlincik	[gɛlin'dʒʲik]
vison (m)	su samuru	['su samu'ru]

castor (m)	qunduz	[gun'duz]
lontra (f)	susamuru	[susamu'ru]
cavalo (m)	at	['at]
alce (m)	sığın	[sı'ɣın]
veado (m)	maral	[ma'ral]
camelo (m)	dəvə	[dæ'væ]
bisão (m)	bizon	[bi'zon]
auroque (m)	zubr	['zubr]
búfalo (m)	camış	[dʒʲa'mıʃ]
zebra (f)	zebra	['zɛbra]
antílope (m)	antilop	[anti'lop]
corça (f)	cüyür	[dʒy'jur]
gamo (m)	xallı maral	[χal'lı ma'ral]
camurça (f)	dağ keçisi	['daɣ kɛtʃi'si]
javali (m)	qaban	[ga'ban]
baleia (f)	balina	[ba'lina]
foca (f)	suiti	[sui'ti]
morsa (f)	morj	['morʒ]
urso-marinho (m)	dəniz pişiyi	[dæ'niz piʃi'jı]
golfinho (m)	delfin	[dɛl'fin]
urso (m)	ayı	[a'jı]
urso (m) branco	ağ ayı	['aɣ a'jı]
panda (m)	panda	['panda]
macaco (em geral)	meymun	[mɛj'mun]
chimpanzé (m)	şimpanze	[ʃimpan'zɛ]
orangotango (m)	oranqutan	[orangu'tan]
gorila (m)	qorilla	[go'rilla]
macaco (m)	makaka	[ma'kaka]
gibão (m)	gibbon	[gib'bon]
elefante (m)	fil	['fil]
rinoceronte (m)	kərgədən	[kærgæ'dan]
girafa (f)	zürafə	[zyra'fæ]
hipopótamo (m)	begemot	[bɛgɛ'mot]
canguru (m)	kenquru	[kɛngu'ru]
coala (m)	koala	[ko'ala]
mangusto (m)	manqust	[man'gust]
chinchila (m)	şinşilla	[ʃin'ʃila]
doninha-fedorenta (f)	skuns	['skuns]
porco-espinho (m)	oxlu kirpi	[oχ'lʲu kir'pi]

137. Animais domésticos

gata (f)	pişik	[pi'ʃik]
gato (m) macho	pişik	[pi'ʃik]
cão (m)	it	['it]

cavalo (m)	at	['at]
garanhão (m)	ayğır	[aj'ɣır]
égua (f)	madyan	[ma'djan]
vaca (f)	inək	[i'næk]
touro (m)	buğa	[bu'ɣa]
boi (m)	öküz	[ø'kyz]
ovelha (f)	qoyun	[go'jun]
carneiro (m)	qoyun	[go'jun]
cabra (f)	keçi	[kɛ'ʧi]
bode (m)	erkək keçi	[ɛr'kæk kɛ'ʧi]
burro (m)	eşşək	[ɛ'ʃʃæk]
mula (f)	qatır	[ga'tır]
porco (m)	donuz	[do'nuz]
leitão (m)	çoşka	[ʧoʃ'ka]
coelho (m)	ev dovşanı	['ɛv dovʃa'nı]
galinha (f)	toyuq	[to'juh]
galo (m)	xoruz	[χo'ruz]
pata (f)	ördək	[ør'dæk]
pato (macho)	yaşılbaş	[jaʃıl'baʃ]
ganso (m)	qaz	['gaz]
peru (m)	hind xoruzu	['hind χoru'zu]
perua (f)	hind toyuğu	['hind toju'ɣu]
animais (m pl) domésticos	ev heyvanları	['æv hɛjvanla'rı]
domesticado	əhliləşdirilmiş	[æhlilæʃdiril'miʃ]
domesticar (vt)	əhliləşdirmək	[æhlilæʃdir'mæk]
criar (vt)	yetişdirmək	[ɛtiʃdir'mæk]
quinta (f)	ferma	['fɛrma]
aves (f pl) domésticas	ev quşları	['ɛv guʃla'rı]
gado (m)	mal-qara	['mal ga'ra]
rebanho (m), manada (f)	sürü	[sy'ry]
estábulo (m)	tövlə	[tøv'læ]
pocilga (f)	donuz damı	[do'nuz da'mı]
estábulo (m)	inək damı	[i'næk da'mı]
coelheira (f)	ev dovşanı saxlanılan yer	['æv dovʃa'nı saχlanı'lan 'ɛr]
galinheiro (m)	toyuq damı	[to'juh da'mı]

138. Pássaros

pássaro (m), ave (f)	quş	['guʃ]
pombo (m)	göyərçin	[gøjær'ʧin]
pardal (m)	sərçə	[sær'ʧæ]
chapim-real (m)	arıquşu	[arıgu'ʃu]
pega-rabuda (f)	sağsağan	[saɣsa'ɣan]
corvo (m)	qarğa	[gar'ɣa]

Portuguese	Azeri	Pronunciation
gralha (f) cinzenta	qarğa	[gar'ɣa]
gralha-de-nuca-cinzenta (f)	dolaşa	[dola'ʃa]
gralha-calva (f)	zağca	[zaɣ'dʒ'a]
pato (m)	ördək	[ør'dæk]
ganso (m)	qaz	['gaz]
faisão (m)	qırqovul	[gırgo'vul]
águia (f)	qartal	[gar'tal]
açor (m)	qırğı	[gır'ɣı]
falcão (m)	şahin	[ʃa'hin]
abutre (m)	qrif	['grif]
condor (m)	kondor	[kon'dor]
cisne (m)	sona	[so'na]
grou (m)	durna	[dur'na]
cegonha (f)	leylək	[lɛj'læk]
papagaio (m)	tutuquşu	[tutugu'ʃu]
beija-flor (m)	kolibri	[ko'libri]
pavão (m)	tovuz	[to'vuz]
avestruz (m)	straus	[st'raus]
garça (f)	vağ	['vaɣ]
flamingo (m)	qızılqaz	[gızıl'gaz]
pelicano (m)	qutan	[gu'tan]
rouxinol (m)	bülbül	[byl'byl']
andorinha (f)	qaranquş	[garan'guʃ]
tordo-zornal (m)	qaratoyuq	[garato'juh]
tordo-músico (m)	ötən qaratoyuq	[ø'tæn garato'juh]
melro-preto (m)	qara qaratoyuq	[ga'ra garato'juh]
andorinhão (m)	uzunqanad	[uzunga'nad]
cotovia (f)	torağay	[tora'ɣaj]
codorna (f)	bidirçin	[bil'dir'tʃin]
pica-pau (m)	ağacdələn	[aɣadʒ'dæ'læn]
cuco (m)	ququ quşu	[gu'gu gu'ʃu]
coruja (f)	bayquş	[baj'guʃ]
corujão, bufo (m)	yapalaq	[japa'lah]
tetraz-grande (m)	Sibir xoruzu	[si'bir χoru'zu]
tetraz-lira (m)	tetra quşu	['tɛtra gu'ʃu]
perdiz-cinzenta (f)	kəklik	[kæk'lik]
estorninho (m)	sığırçın	[sıɣır'tʃın]
canário (m)	sarıbülbül	[sarıbyl'byl']
galinha-do-mato (f)	qarabağır	[garaba'ɣır]
tentilhão (m)	alacəhrə	[alatʃæh'ræ]
dom-fafe (m)	qar quşu	['gar gu'ʃu]
gaivota (f)	qağayı	[gaga'jı]
albatroz (m)	albatros	[albat'ros]
pinguim (m)	pinqvin	[ping'vin]

139. Peixes. Animais marinhos

brema (f)	çapaq	[tʃa'pah]
carpa (f)	karp	['karp]
perca (f)	xanı balığı	[χa'nı balı'ɣı]
siluro (m)	naqqa	[nak'ka]
lúcio (m)	durnabalığı	[durnabalı'ɣı]
salmão (m)	qızılbalıq	[gızılba'lıh]
esturjão (m)	nərə balığı	[næ'ræ balı'ɣı]
arenque (m)	siyənək	[sijæ'næk]
salmão (m)	somğa	[som'ɣa]
cavala, sarda (f)	skumbriya	['skumbrija]
solha (f)	qalxan balığı	[gal'χan balı'ɣı]
lúcio perca (m)	suf balığı	['suf balı'ɣı]
bacalhau (m)	treska	[trɛs'ka]
atum (m)	tunes	[tu'nɛs]
truta (f)	alabalıq	[alaba'lıh]
enguia (f)	angvil balığı	[ang'vil balı'ɣı]
raia elétrica (f)	elektrikli skat	[ɛlɛktrik'li 'skat]
moreia (f)	müren balığı	[my'rɛn balı'ɣı]
piranha (f)	piranya balığı	[pi'ranja balı'ɣı]
tubarão (m)	köpək balığı	[kø'pæk balı'ɣı]
golfinho (m)	delfin	[dɛl'fin]
baleia (f)	balina	[ba'lina]
caranguejo (m)	qısaquyruq	[gısaguj'ruh]
medusa, alforreca (f)	meduza	[mɛ'duza]
polvo (m)	səkkizayaqlı ilbiz	[sækkizajag'lı il'biz]
estrela-do-mar (f)	dəniz ulduzu	[dæ'niz uldu'zu]
ouriço-do-mar (m)	dəniz kirpisi	[dæ'niz kirpi'si]
cavalo-marinho (m)	dəniz atı	[dæ'niz a'tı]
ostra (f)	istridyə	[istri'dʲæ]
camarão (m)	krevet	[krɛ'vɛt]
lavagante (m)	omar	[o'mar]
lagosta (f)	lanqust	[lan'gust]

140. Amfíbios. Répteis

serpente, cobra (f)	ilan	[i'lan]
venenoso	zəhərli	[zæhær'li]
víbora (f)	gürzə	[gyr'zæ]
cobra-capelo, naja (f)	kobra	['kobra]
pitão (m)	piton	[pi'ton]
jiboia (f)	boa	[bo'a]
cobra-de-água (f)	koramal	[kora'mal]

Portuguese	Azeri	Pronunciation
cascavel (f)	zınqırovlu ilan	[zıngırov'lʲu i'lan]
anaconda (f)	anakonda	[ana'konda]
lagarto (m)	kərtənkələ	[kærtænkæ'læ]
iguana (f)	iquana	[igu'ana]
varano (m)	çöl kərtənkələsi	[tʃœl kærtænkælæ'si]
salamandra (f)	salamandr	[sala'mandr]
camaleão (m)	buğəlamun	[buɣælæ'mun]
escorpião (m)	əqrəb	[æg'ræp]
tartaruga (f)	tısbağa	[tısba'ɣa]
rã (f)	qurbağa	[gurba'ɣa]
sapo (m)	quru qurbağası	[gu'ru gurbaɣa'sı]
crocodilo (m)	timsah	[tim'sah]

141. Insetos

inseto (m)	həşarat	[hæʃa'rat]
borboleta (f)	kəpənək	[kæpæ'næk]
formiga (f)	qarışqa	[garıʃ'ga]
mosca (f)	milçək	[mil'tʃæk]
mosquito (m)	ağcaqanad	[aɣdʒʲaga'nad]
escaravelho (m)	böcək	[bø'dʒʲæk]
vespa (f)	arı	[a'rı]
abelha (f)	bal arısı	['bal arı'sı]
mamangava (f)	eşşək arısı	[ɛ'ʃʃæk arı'sı]
moscardo (m)	mozalan	[moza'lan]
aranha (f)	hörümçək	[hørym'tʃæk]
teia (f) de aranha	hörümçək toru	[hørym'tʃæk toru]
libélula (f)	cırcırama	[dʒʲırdʒʲıra'ma]
gafanhoto-do-campo (m)	şala cırcıraması	[ʃa'la dʒʲırdʒʲırama'sı]
traça (f)	pərvanə	[pærva'næ]
barata (f)	tarakan	[tara'kan]
carraça (f)	gənə	[gæ'næ]
pulga (f)	birə	[bi'ræ]
borrachudo (m)	mığmığa	[mıɣmı'ɣa]
gafanhoto (m)	çəyirtkə	[tʃæjırt'kæ]
caracol (m)	ilbiz	[il'biz]
grilo (m)	sisəy	[si'sæj]
pirilampo (m)	işıldaquş	[iʃılda'guʃ]
joaninha (f)	xanımböcəyi	[χanımbødʒʲæ'jı]
besouro (m)	may böcəyi	['maj bødʒʲæ'jı]
sanguessuga (f)	zəli	[zæ'li]
lagarta (f)	kəpənək qurdu	[kæpæ'næk gur'du]
minhoca (f)	qurd	['gurd]
larva (f)	sürfə	[syr'fæ]

Flora

142. Árvores

árvore (f)	ağac	[a'ɣadʒʲɪ]
decídua	yarpaqlı	[jarpag'lı]
conífera	iynəli	[ijnæ'li]
perene	həmişəyaşıl	[hæmiʃæja'ʃıl]

macieira (f)	alma	[al'ma]
pereira (f)	armud	[ar'mud]
cerejeira (f)	gilas	[gi'las]
ginjeira (f)	albalı	[alba'lı]
ameixeira (f)	gavalı	[gava'lı]

bétula (f)	tozağacı	[tozaɣa'dʒʲı]
carvalho (m)	palıd	[pa'lıd]
tília (f)	cökə	[dʒʲø'kæ]
choupo-tremedor (m)	ağcaqovaq	[aɣdʒʲago'vah]
bordo (m)	ağcaqayın	[aɣdʒʲaga'jın]
espruce-europeu (m)	küknar	[kyk'nar]
pinheiro (m)	şam	['ʃam]
alerce, lariço (m)	qara şam ağacı	[ga'ra 'ʃam aɣa'dʒʲı]
abeto (m)	ağ şam ağacı	['aɣ 'ʃam aɣadʒʲı]
cedro (m)	sidr	['sidr]

choupo, álamo (m)	qovaq	[go'vah]
tramazeira (f)	quşarmudu	[guʃarmu'du]
salgueiro (m)	söyüd	[sø'jud]
amieiro (m)	qızılağac	[gızıla'ɣadʒʲ]
faia (f)	fıstıq	[fıs'tıh]
ulmeiro (m)	qarağac	[gara'ɣadʒʲ]
freixo (m)	göyrüş	[gøj'ryʃ]
castanheiro (m)	şabalıd	[ʃaba'lıd]

magnólia (f)	maqnoliya	[mag'nolija]
palmeira (f)	palma	['palma]
cipreste (m)	sərv	['særv]

mangue (m)	manqra ağacı	['mangra aɣa'dʒʲı]
embondeiro, baobá (m)	baobab	[bao'bap]
eucalipto (m)	evkalipt	[ɛvka'lipt]
sequoia (f)	sekvoya	[sɛk'voja]

143. Arbustos

arbusto (m)	kol	['køl]
arbusto (m), moita (f)	kolluq	[kol'lʲuh]

| videira (f) | üzüm | [y'zym] |
| vinhedo (m) | üzüm bağı | [y'zym ba'ɣı] |

framboeseira (f)	moruq	[mo'ruh]
groselheira-vermelha (f)	qırmızı qarağat	[gırmı'zı gara'ɣat]
groselheira (f) espinhosa	krıjovnik	[krı'ʒovnik]

acácia (f)	akasiya	[a'kasija]
bérberis (f)	zərinc	[zæ'rindʒʲ]
jasmim (m)	jasmin	[ʒas'min]

junípero (m)	ardıc kolu	[ar'dıdʒʲ ko'lʲu]
roseira (f)	qızılgül kolu	[gızıl'gylʲ ko'lʲu]
roseira (f) brava	itburnu	[itbur'nu]

144. Frutos. Bagas

maçã (f)	alma	[al'ma]
pera (f)	armud	[ar'mud]
ameixa (f)	gavalı	[gava'lı]
morango (m)	bağ çiyələyi	['baɣ tʃijælæ'jı]
ginja (f)	albalı	[alba'lı]
cereja (f)	gilas	[gi'las]
uva (f)	üzüm	[y'zym]

framboesa (f)	moruq	[mo'ruh]
groselha (f) preta	qara qarağat	[ga'ra gara'ɣat]
groselha (f) vermelha	qırmızı qarağat	[gırmı'zı gara'ɣat]
groselha (f) espinhosa	krıjovnik	[krı'ʒovnik]
oxicoco (m)	quşüzümü	[guʃyzy'my]
laranja (f)	portağal	[porta'ɣal]
tangerina (f)	mandarın	[mәndа'rin]
ananás (m)	ananas	[ana'nas]
banana (f)	banan	[ba'nan]
tâmara (f)	xurma	[χur'ma]

limão (m)	limon	[li'mon]
damasco (m)	ərik	[æ'rik]
pêssego (m)	şaftalı	[ʃafta'lı]
kiwi (m)	kivi	['kivi]
toranja (f)	qreypfrut	['grɛjpfrut]

baga (f)	giləmeyvə	[gilæmɛj'væ]
bagas (f pl)	giləmeyvələr	[gilæmɛjvæ'lær]
arando (m) vermelho	mərsin	[mær'sin]
morango-silvestre (m)	çiyələk	[tʃijæ'læk]
mirtilo (m)	qaragilə	[garagi'læ]

145. Flores. Plantas

| flor (f) | gül | ['gylʲ] |
| ramo (m) de flores | gül dəstəsi | ['gylʲ dæstæ'si] |

rosa (f)	qızılgül	[gɪzɪl'gylʲ]
tulipa (f)	lalə	[la'læ]
cravo (m)	qərənfil	[gæræn'fil]
gladíolo (m)	qladiolus	[gladi'olʲus]

centáurea (f)	peyğəmbərçiçəyi	[pɛjɣæmbærtʃitʃæ'jɪ]
campânula (f)	zəngçiçəyi	[zæŋgtʃitʃæ'jɪ]
dente-de-leão (m)	zəncirotu	[zændʒʲiro'tu]
camomila (f)	çobanyastığı	[tʃobanjastɪ'ɣɪ]

aloé (m)	əzvay	[æz'vaj]
cato (m)	kaktus	['kaktus]
fícus (m)	fikus	['fikus]

lírio (m)	zanbaq	[zan'bah]
gerânio (m)	etirşah	[ætir'ʃah]
jacinto (m)	giasint	[gia'sint]

mimosa (f)	küsdüm ağacı	[kys'dym aɣa'dʒʲɪ]
narciso (m)	nərgizgülü	[nærgizgy'ly]
capuchinha (f)	ərikgülü	[ærikgy'ly]

orquídea (f)	səhləb çiçəyi	[sæh'læp tʃitʃæ'jɪ]
peónia (f)	pion	[pi'on]
violeta (f)	bənövşə	[bænøv'ʃæ]

amor-perfeito (m)	alabəzək bənövşə	[alabæ'zæk bænøv'ʃæ]
não-me-esqueças (m)	yaddaş çiçəyi	[jad'daʃ tʃitʃæ'jɪ]
margarida (f)	qızçiçəyi	[gɪztʃitʃæ'jɪ]

papoula (f)	lalə	[la'læ]
cânhamo (m)	çətənə	[tʃætæ'næ]
hortelã (f)	nanə	[na'næ]

| lírio-do-vale (m) | inciçiçəyi | [indʒʲitʃitʃæ'jɪ] |
| campânula-branca (f) | novruzgülü | [novruzgy'ly] |

urtiga (f)	gicitkən	[gitʃit'kæn]
azeda (f)	quzuqulağı	[guzugula'ɣɪ]
nenúfar (m)	ağ suzanbağı	['aɣ suzanba'ɣɪ]
feto (m), samambaia (f)	ayıdöşəyi	[ajɪdøʃæ'jɪ]
líquen (m)	şibyə	[ʃib'jæ]

estufa (f)	oranjereya	[oranʒɛ'rɛja]
relvado (m)	qazon	[ga'zon]
canteiro (m) de flores	çiçək ləki	[tʃi'tʃæk læ'ki]

planta (f)	bitki	[bit'ki]
erva (f)	ot	['ot]
folha (f) de erva	ot saplağı	['ot sapla'ɣɪ]

folha (f)	yarpaq	[jar'pah]
pétala (f)	ləçək	[læ'tʃæk]
talo (m)	saplaq	[sap'lah]
tubérculo (m)	kök yumrusu	[køk jumru'su]
broto, rebento (m)	cücərti	[dʒydʒʲær'ti]

espinho (m)	tikan	[ti'kan]
florescer (vi)	çiçək açmaq	[tʃi'tʃæk atʃ'mah]
murchar (vi)	solmaq	[sol'mah]
cheiro (m)	ətir	[æ'tir]
cortar (flores)	kəsmək	[kæs'mæk]
colher (uma flor)	dərmək	[dær'mæk]

146. Cereais, grãos

grão (m)	dən	['dæn]
cereais (plantas)	dənli bitkilər	[dæn'li bitki'lær]
espiga (f)	sümbül	[sym'bylʲ]

trigo (m)	taxıl	[ta'χıl]
centeio (m)	covdar	[dʒʲov'dar]
aveia (f)	yulaf	[ju'laf]
milho-miúdo (m)	darı	[da'rı]
cevada (f)	arpa	[ar'pa]

milho (m)	qarğıdalı	[garɣıda'lı]
arroz (m)	düyü	[dy'ju]
trigo-sarraceno (m)	qarabaşaq	[garaba'ʃah]

ervilha (f)	noxud	[no'χud]
feijão (m)	lobya	[lo'bja]
soja (f)	soya	['soja]
lentilha (f)	mərcimək	[mærdʒi'mæk]
fava (f)	paxla	[paχ'la]

PAÍSES. NACIONALIDADES

147. Europa Ocidental

Europa (f)	Avropa	[av'ropa]
União (f) Europeia	Avropa Birliyi	[av'ropa birli'jı]
Áustria (f)	Avstriya	['avstrija]
Grã-Bretanha (f)	Böyük Britaniya	[bø'juk bri'tanija]
Inglaterra (f)	İngiltərə	[in'giltæræ]
Bélgica (f)	Belçika	['bɛltʃika]
Alemanha (f)	Almaniya	[al'manija]
Países (m pl) Baixos	Niderland	[nidɛr'land]
Holanda (f)	Hollandiya	[hol'landija]
Grécia (f)	Yunanıstan	[junanıs'tan]
Dinamarca (f)	Danimarka	[dani'marka]
Irlanda (f)	İrlandiya	[ir'landija]
Islândia (f)	İslandiya	[is'landija]
Espanha (f)	İspaniya	[is'panija]
Itália (f)	İtaliya	[i'talija]
Chipre (m)	Kıbrıs	['kıbrıs]
Malta (f)	Malta	['malta]
Noruega (f)	Norveç	[nor'vɛtʃ]
Portugal (m)	Portuqaliya	[portu'galija]
Finlândia (f)	Finlyandiya	[fin'lʲandija]
França (f)	Fransa	['fransa]
Suécia (f)	İsveç	[is'vɛtʃ]
Suíça (f)	İsveçrə	[is'vɛtʃræ]
Escócia (f)	Şotlandiya	[ʃot'landija]
Vaticano (m)	Vatikan	[vati'kan]
Liechtenstein (m)	Lixtenşteyn	[liχtɛn'ʃtɛjn]
Luxemburgo (m)	Lüksemburq	[lyksɛm'burh]
Mónaco (m)	Monako	[mo'nako]

148. Europa Central e de Leste

Albânia (f)	Albaniya	[al'banija]
Bulgária (f)	Bolqarıstan	[bolgarıs'tan]
Hungria (f)	Macarıstan	[madʒarıs'tan]
Letónia (f)	Latviya	['latvija]
Lituânia (f)	Litva	[lit'va]
Polónia (f)	Polşa	['polʃa]

T&P Books. Vocabulário Português-Azeri - 5000 palavras

Roménia (f)	Rumınıya	[ru'mınija]
Sérvia (f)	Serbiya	['sɛrbija]
Eslováquia (f)	Slovakiya	[slo'vakija]

Croácia (f)	Xorvatiya	[χor'vatija]
República (f) Checa	Çexiya	['tʃɛχija]
Estónia (f)	Estoniya	[ɛs'tonija]

Bósnia e Herzegovina (f)	Bosniya və Hersoqovina	['bosnija 'væ hɛrsogo'vina]
Macedónia (f)	Makedoniya	[makɛ'donija]
Eslovénia (f)	Sloveniya	[slo'vɛnija]
Montenegro (m)	Qaradağ	[ga'radaɣ]

149. Países da ex-URSS

| Azerbaijão (m) | Azərbaycan | [azærbaj'dʒˈan] |
| Arménia (f) | Ermənistan | [ɛrmænis'tan] |

Bielorrússia (f)	Belarus	[bɛla'rus]
Geórgia (f)	Gürcüstan	[gyrdʒys'tan]
Cazaquistão (m)	Qazaxstan	[gazaχ'stan]
Quirguistão (m)	Qırğızıstan	[gırɣızıs'tan]
Moldávia (f)	Moldova	[mol'dova]

| Rússia (f) | Rusiya | ['rusija] |
| Ucrânia (f) | Ukrayna | [uk'rajna] |

Tajiquistão (m)	Tacikistan	[tadʒˈikis'tan]
Turquemenistão (m)	Türkmənistan	[tyrkmænis'tan]
Uzbequistão (f)	Özbəkistan	[øzbækis'tan]

150. Asia

Ásia (f)	Asiya	['asija]
Vietname (m)	Vyetnam	[vjɛt'nam]
Índia (f)	Hindistan	[hindis'tan]
Israel (m)	İsrail	[isra'il]

China (f)	Çin	['tʃin]
Líbano (m)	Livan	[li'van]
Mongólia (f)	Monqolustan	[mongolʲus'tan]

| Malásia (f) | Malayziya | [ma'lajzija] |
| Paquistão (m) | Pakistan | [pakis'tan] |

Arábia (f) Saudita	Səudiyyə Ərəbistanı	[sæudi'æ æræbista'nı]
Tailândia (f)	Tailand	[tai'land]
Taiwan (m)	Tayvan	[taj'van]
Turquia (f)	Türkiyə	['tyrkijæ]
Japão (m)	Yaponiya	[ja'ponija]
Afeganistão (m)	Afqanistan	[afganis'tan]
Bangladesh (m)	Banqladeş	[bangla'dɛʃ]

Indonésia (f)	İndoneziya	[indo'nɛzija]
Jordânia (f)	İordaniya	[ior'danija]
Iraque (m)	İraq	[i'rak]
Irão (m)	İran	[i'ran]
Camboja (f)	Kamboca	[kam'bodʒ'a]
Kuwait (m)	Küveyt	[ky'vɛjt]
Laos (m)	Laos	[la'os]
Myanmar (m), Birmânia (f)	Myanma	['mjanma]
Nepal (m)	Nepal	[nɛ'pal]
Emirados Árabes Unidos	Birləşmiş Ərəb Əmirlikləri	[birlæʃ'miʃ æ'ræp æmirliklæ'ri]
Síria (f)	Suriya	['surija]
Palestina (f)	Fələstin muxtariyyatı	[fælæs'tin muχtaria'tı]
Coreia do Sul (f)	Cənubi Koreya	[dʒ'ænu'bi ko'rɛja]
Coreia do Norte (f)	Şimali Koreya	[ʃima'li ko'rɛja]

151. América do Norte

Estados Unidos da América	Amerika Birləşmiş Ştatları	[a'mɛrika birlæʃ'miʃ ʃtatla'rı]
Canadá (m)	Kanada	[ka'nada]
México (m)	Meksika	['mɛksika]

152. América Central do Sul

Argentina (f)	Argentina	[argɛn'tina]
Brasil (m)	Braziliya	[bra'zilija]
Colômbia (f)	Kolumbiya	[ko'lʲumbija]
Cuba (f)	Kuba	['kuba]
Chile (m)	Çili	['tʃili]
Bolívia (f)	Boliviya	[bo'livija]
Venezuela (f)	Venesuela	[vɛnɛsu'æla]
Paraguai (m)	Paraqvay	[parag'vaj]
Peru (m)	Peru	[pɛ'ru]
Suriname (m)	Surinam	[suri'nam]
Uruguai (m)	Uruqvay	[urug'vaj]
Equador (m)	Ekvador	[ɛkva'dor]
Bahamas (f pl)	Baqam adaları	[ba'gam adala'rı]
Haiti (m)	Haiti	[ha'iti]
República (f) Dominicana	Dominikan Respublikası	[domini'kan rɛs'publikası]
Panamá (m)	Panama	[pa'nama]
Jamaica (f)	Yamayka	[ja'majka]

153. Africa

Egito (m)	Misir	[mi'sir]
Marrocos	Mərakeş	[mæra'kɛʃ]
Tunísia (f)	Tunis	[tu'nis]
Gana (f)	Qana	['gana]
Zanzibar (m)	Zənzibar	[zænzi'bar]
Quénia (f)	Keniya	['kɛnija]
Líbia (f)	Liviya	['livija]
Madagáscar (m)	Madaqaskar	[madagas'kar]
Namíbia (f)	Namibiya	[na'mibija]
Senegal (m)	Seneqal	[sɛnɛ'gal]
Tanzânia (f)	Tanzaniya	[tan'zanija]
África do Sul (f)	Cənubi Afrika respublikası	[dʒ'ænu'bi 'afrika rɛs'publikası]

154. Austrália. Oceania

Austrália (f)	Avstraliya	[av'stralija]
Nova Zelândia (f)	Yeni Zelandiya	[ɛ'ni zɛ'landija]
Tasmânia (f)	Tasmaniya	[tas'manija]
Polinésia Francesa (f)	Fransız Polineziyası	[fran'sız poli'nɛzijası]

155. Cidades

Amesterdão	Amsterdam	[amstɛr'dam]
Ancara	Ankara	[anka'ra]
Atenas	Afina	[a'fina]
Bagdade	Bağdad	[ba'ɣdad]
Banguecoque	Banqkok	[ban'kok]
Barcelona	Barselona	[barsɛ'lona]
Beirute	Beyrut	[bɛj'rut]
Berlim	Berlin	[bɛr'lin]
Bombaim	Bombey	[bom'bɛj]
Bona	Bonn	['bonn]
Bordéus	Bordo	[bor'do]
Bratislava	Bratislava	[bratisla'va]
Bruxelas	Brüssel	[brys'sɛl]
Bucareste	Buxarest	[buχa'rɛst]
Budapeste	Budapeşt	[buda'pɛʃt]
Cairo	Qahirə	[gahi'ræ]
Calcutá	Kalkutta	[kal'kutta]
Chicago	Çikaqo	[tʃi'kago]
Cidade do México	Mexiko	['mɛχiko]
Copenhaga	Kopenhaqen	[kopɛn'hagɛn]

T&P Books. Vocabulário Português-Azeri - 5000 palavras

Dar es Salaam	Dar Əs Salam	['dar 'æs sa'lam]
Deli	Dehli	[dɛh'li]
Dubai	Dubay	[du'baj]
Dublin, Dublim	Dublin	['dublin]
Düsseldorf	Düsseldorf	['dyssɛlˡdorf]
Estocolmo	Stokholm	[stok'holm]

Florença	Florensiya	[flo'rɛnsija]
Frankfurt	Frankfurt	['frankfurt]
Genebra	Cenevrə	[ʤˡɛ'nɛvræ]
Haia	Haaga	[ha'aga]
Hamburgo	Hamburq	['hamburh]
Hanói	Hanoy	[ha'noj]
Havana	Havana	[ha'vana]

Helsínquia	Helsinki	['hɛlsinki]
Hiroshima	Xirosima	[χiro'sima]
Hong Kong	Honkonq	[hon'konh]
Istambul	İstanbul	[istan'bul]
Jerusalém	Yerusəlim	[ɛrusæ'lim]

Kiev	Kiyev	['kiɛv]
Kuala Lumpur	Kuala Lumpur	[ku'ala lˡum'pur]
Lisboa	Lissabon	[lissa'bon]
Londres	London	['london]
Los Angeles	Los Anjeles	['los 'anʒɛlɛs]
Lion	Lion	[li'on]

Madrid	Madrid	[mad'rid]
Marselha	Marsel	[mar'sɛl]
Miami	Mayami	[ma'jami]
Montreal	Monreal	[monrɛ'al]
Moscovo	Moskva	[mosk'va]
Munique	München	['mynhɛn]

Nairóbi	Nayrobi	[naj'robi]
Nápoles	Neapol	[nɛ'apol]
Nice	Nitsa	['nitsa]
Nova York	Nyu-York	['nju 'jork]

Oslo	Oslo	['oslo]
Ottawa	Ottava	[ot'tava]
Paris	Paris	[pa'ris]
Pequim	Pekin	[pɛ'kin]
Praga	Praqa	['praga]

Rio de Janeiro	Rio-de-Janeyro	['rio dɛ ʒa'nɛjro]
Roma	Roma	['roma]
São Petersburgo	Sankt-Peterburq	['sankt pɛtɛr'burh]
Seul	Seul	[sɛ'ul]
Singapura	Sinqapur	[singa'pur]
Sydney	Sidney	['sidnɛj]

Taipé	Taypey	[taj'pɛj]
Tóquio	Tokio	['tokio]
Toronto	Toronto	[to'ronto]

Varsóvia	Varşava	[varˈʃava]
Veneza	Venesiya	[vɛˈnɛsija]
Viena	Vena	[ˈvɛna]
Washington	Vaşinqton	[vaʃingˈton]
Xangai	Şanxay	[ʃanˈxaj]

www.ingramcontent.com/pod-product-compliance
Lightning Source LLC
Chambersburg PA
CBHW070604050426
42450CB00011B/2983